奇蹟課程釋義

奇蹟課程序言 行旅

From the Preface of A Course in Miracles

A Commentary

肯尼斯・霍布尼克博士（Kenneth Wapnick, Ph.D.）◎著

若 水◎譯

奇蹟課程基金會授權出版

目　次

導 言

1976年，《奇蹟課程》正式出版，大約一年之後，許多讀者都覺得這部課程需要一篇序言，為有心深入的學員介紹此書的緣起及其宗旨；幾經敦請後，筆錄者海倫終於同意寫一篇序言。我已記不清楚當時的細節了，但在印象中，把序言分為三部分的構想是出於海倫，前兩部分「本書的緣起」及「本書的性質」，出自海倫的手筆；第三部分「本書的內容」則和《奇蹟課程》全書一樣，是耶穌通傳給海倫的訊息。

「本書的緣起」言簡意賅地敘述了這部課程出現的因緣、海倫與比爾的關係，以及筆錄的過程。有意思的是，全文不見**耶穌**之名，反映出海倫對耶穌這一角色「欲語還休」的心態。「本書的性質」一節明白標舉了課程的整體架構，即〈正文〉、〈學員練習手冊〉及〈教師指南〉。至於「本書的內容」，雖然不能視為《奇蹟課程》的「信條」，卻不失為一篇絕佳的導覽，因它為全書勾勒出一個簡明清晰的理論架構。

這篇「序言」（The Preface）最初是一本獨立的小冊子，到了1992年再版時，才將它安放在全書的開端。由於「本書的內容」並沒有套用書中的編碼系統，為了便於講解，我把這一節的內文逐段加上編號，讀者也不妨將這一節依序編成十三段，以便隨時對照。

先聲明一下，每當我在課堂中提到「序言」時，通常就是指「本書的內容」。這一節，一如歌劇的序曲或前奏，把整部課程的重要觀點作了簡要的交代。我沿用了理查·華格納（Richard Wagner）的用語，將這一節稱為**序言**，因為他把自己較為成熟的歌劇前奏一律命名為「序曲」。這類前奏式的序曲，不僅把交響樂的主題重點式地鋪敘出來，而且還奠定了整首樂曲的氣質與基調——這正是本篇「序言」的特質，除了揭示出全書的關鍵理念，還將讀者提昇到奇蹟理念的思想高度和意境。

「本書的內容」一開始的幾句話就將我們領入《課程》的形上理念，也就是我常提到的「層次一」；它不只為序言，同時也為整部課程奠定了基本風格。「層次一」的陳述，把真理與幻境、真知與知見、上主與小我，作了分明的對比。這一分野為整部課程的小我思想體系（即特殊關係）和寬恕的化解之道奠定了理論基礎。倘若無法精準掌握這個形上理念，我們根本不可能了解聖靈的「修正原則」（即神聖關係）。本節的前三段全都在談「層次一」的絕對定律，例如：唯天堂與上主真實存在；我們是上主的同一聖子，基督是唯一的生命實相；其他一切全屬幻境，絕無例外可言。可以說，這三段先把實相境界大致交代了以後，其餘各段才把全部火力指向夢境。

簡而言之，我們擁有兩種方式來面對自己的人生大夢——小我的，或是聖靈的。這兩種截然相反的心態構成了「層次二」。小我思想體系的主軸就是特殊關係，奠基於匱乏信念上，也因此，我們在描述小我的立身基礎時，常用「**匱乏原則**」一詞。但請注意，這一術語只出現於此，並未重現於《課程》其他處，只不過，**匱乏與缺乏**（lack）的觀念及類似詞彙卻反覆出現於全書。舉例而言，「特殊關係」的本質即是源於「匱乏原則」；唯有全然心甘情願託付給聖靈，特殊關係才有轉為神聖的可能。

接下來彷彿進入音樂的「間奏曲」，耶穌開始對比心靈與身體兩個層面。他強調身體只能聽從心靈的指令行事，本身一無所能，全憑心靈賦予它何種目的而定，故說身體是中性的。小我以身體為藉口，著眼於分裂並且發動攻擊；聖靈則越過身體的個別利益而聚焦於共同福祉。《奇蹟課程》把聖靈之見稱為基督慧見，它的目的就是傳遞聖靈的慧見，教導我們從**內涵**層次著眼，在每個人身上看到彼此的同一性，而且無一例外；唯有寬恕才鬆解得了小我對「個別利益」根深柢固的信念。一旦完成了這個人生功課，緣於分裂而導致的罪咎即會全面化解，我們便進入了真實世界——那個被寬恕了的世界。屆時，上主必會來臨，親自將我們提昇到祂的境界；人生旅程到此結束，我們終於回到家了，回到上主願我們所在之地（T-31.VIII.12:8）。

「本書的內容」，短短的十三段，提綱挈領地為我們總結了整部課程的核心觀念，我們即將一句一句地跟著這動人的詩篇，開始一段小小的心靈之旅。猶記得當年，海倫剛筆錄完這篇序言，捧著她那尚有餘溫的「手稿版」唸給我聽時，我已記不清究竟是自己親口說出的，還是心裡默想的：「海倫確實寶刀未老，和耶穌的關係絲毫不曾疏離。這篇小小傑作，無論在形式或內涵上，都已臻至整部課程的高度了。」但願先前沒有意識到這一點的讀者，在讀完這篇序言後，也能發出同樣的讚歎。現在，讓我們一起來研讀，為後面更偉大的《奇蹟課程釋義》之旅暖個身吧！

第一章

層次一：真知與知見

真知的世界

第一段

這一節直接引用《奇蹟課程》導言的金句來破題：

凡是真實的，不受任何威脅；
凡是不真實的，根本不存在，
上主的平安即在其中。

「凡是真實的，不受任何威脅」，這明顯是層次一的屬性，因為實相之境唯有上主以及真我（基督自性）存在。我經常引用〈正文〉這一句來跟它相互呼應：「連天堂之歌的一個音符都不曾錯過。」（T-26.V.5:4）換句話說，什麼都未曾發生——上主沒有被謀害，聖子沒被釘死，天堂分毫未損。什麼都不曾發生，正因「凡是真實的，不受任何威脅」；以此來逆推，「凡是不真實的，根本不存在」，便成了必然的結論。根據《奇蹟課程》的定義，**實相**代表上主，上主之外，全屬**非實相**。這一觀念在序言裡僅僅點到為止，無暇深入，但在整部課程卻是一個舉足輕重的主題。天堂乃是完美的一體之境，上主造化之果（即聖子基督）與其造物主同在此境。換言之，造物主與受造物，上主與聖子，絕對之因與絕對之果，全然一體不分，因為兩者無二無別。這也說明了天堂內沒有**造物主**與**受造物**，**上主**與**聖子**，或**絕對之因**與**絕對之果**這類的稱法，否則就淪為二元論了。天堂內沒有兩個生命，只有完美的「一」，所有狀似活在這完美一體之外的生命，其實全都不存在。我們必須謹記於心，《奇蹟課程》屬於「非二元」的思想體系，它絕不認可一體生命之外還可能存在任何真實的生命。據此，我們可以斷言，物質宇宙內不斷分化出來的個體生命，只可能藏身於上主天心之外，故絕對虛幻不實。了解這一奧妙義理，方能領悟真相，體會到「上主的平安即在其中」之境界。

舉凡相信世界真實不虛的人，是不可能在這世界享有平安的。因為一旦對世界信以為真，他在現實的生活層次裡，必也認定自己的一生受制於它。最典型的例子，就是相信自己幸福與否全憑外在環境而定——外在某人的表現若能滿足自己的特殊需求，我們才會「自我感覺良好」，或感到被愛，覺得對方接受了自己。無疑的，人們心目中所謂的平安，通常是指某種需求得到滿足之後所感受到的安然無事，或是我們償還了某種債務那一刻的心安理得，意味著我們已經履行了特殊關係那種交易性質的「約定義務」，對方再也沒有理由對自己怨怪不滿了。然而，這並不保證下一分鐘、下一小時，或明天、下週、下月或明年，我們不會再度索求，乃至抬價毀約。只要是在小我的運作體制下，這是遲早且必然的事；屆時，我們又得相互討價還價了。由此可知，只要內心覺得世界擁有左右我們的能力，我們是絕對不可能活得真正心安的。

說得更具體一點，唯有當我們敢說「自己的幸福絕不仰賴任何外在之物」，才可能感受得到上主平安的倒影。反之亦然，我們的不幸、焦慮、沮喪、內疚等等，也完全不可能源自於外在的任何事物。請記住，在《奇蹟課程》裡，不論是我自己或別人的身體，都屬於心外之物，為此，我們若感到不舒服，並非因為身體有病；無論幸福與否，身體舒適與否，全都繫之於心靈，與世界一點關係也沒有。明白了這一道理，我們才算走上了正道，開始接受真相，邁向上主的平安。

既然外境沒有左右我們平安的能力，我若生氣了，只可能有一個原因，就是我的心靈作了生氣的決定。唯有徹底懂得這番道理，才表示我在人間活出了「凡是真實的，不受任何威脅；凡是不真實的，根本不存在」這一真相。無可諱言的，我們最愛利用世界和身體（尤其是別人的身體）作為自己不安的藉口，還會把過錯轉嫁到別人頭上，這便中了小我的詭計，因為它存心切斷我們跟心靈的聯繫，讓我們意識不到心靈的主導權，如此一來，我們當初選擇小我的那個決定，就再也沒有翻案重來的機會了。想要化解這一錯誤，就必須先認清自己還有心靈，而且具有選擇的能力；這個心靈曾幾何時作了一個錯誤的選擇，如今終於能夠重新選擇了。然而，世界必會無所不用其極地防止我們重新選擇，不斷在我們耳邊叮嚀：「外在那些事情全是真的，你若想要活得平安，可不能光靠那位平安之師（耶穌或聖靈），你得學習如何擺平那些外在事件或人物才行。」

有鑑於此，耶穌直接引用課文開篇的金句，作為這篇序言的發軔之詞，用意即是要我們徹底明白上述的道理。他接著說：

這是《奇蹟課程》開宗明義之言。它把真實與不真實、真知（knowledge）與知見（perception）作了根本的區分。

這幾句話仍是層次一的說法，再度重申《課程》「不是全有就是全無」的一貫原則。這個原則一舉瓦解了小我的基本前提，也就是無明世界的第一條法則：分裂真的發生了，因此幻相必然有大小之別、程度之分（T-23.II.2）。在這條法則下，我們不能不相信世間某些東西確實比其他東西更有價值，某些物品、地點、人物也比其他的更為神聖！毋庸贅言，這條信念也可以反過來說，某些物品、地點或人物會比其他的更為齷齪甚至更加邪惡。一點也沒有錯，只要我們相信天人已經分裂，而且眼前的幻相世界真實無比，就絕對逃不出這樣的陷阱。話說回來，如果一切只有真假之分，而且唯有靈性方屬真實，那麼一切有形有相之物必屬虛幻無疑。一旦契入這一境地，此時，世上究竟發生什麼事，就一點都不重要了；唯一重要的是我們對人間百態的**反應心態**，也就是說，當我們應對外在種種境遇之際，究竟決定要聽從哪一位老師的指點，才是關鍵所在。這一部分留待後文細述。

真知即真理，隸屬於愛之律或上主天律的管轄。

上主既然是完美的一體生命，聖愛必然也是，那麼，聖愛就不可能存在於人間。雖然如此，世間仍有可能反映出聖愛的，只要我們懂得如何在內涵層次去愛每一個人，面對形形色色的聖子時，不再重視他們的差異就成了。「分別取捨」顯然是世界最擅長的本事，也是人類大腦及眼睛的焦點；然而，外表的差異畢竟全屬於形式層次，與表相下的內涵是兩碼子事。要知道，在內涵的層次，我們全然相同，只因我們全都活在同一個錯覺幻境裡，認定自己真的身陷此地，也因此，我們全都在面對相同的人生功課——跳脫塵世的羈絆，亦即《奇蹟課程》所描繪的「飛越夢境」。所以才說，我們全都陷於「相信分裂」這一信念，也全都需要寬恕來化解這一信念。

接著，我們要進入「基督慧見」這一主題，它要教導的重點是，切莫對聖子奧體內形態萬千的人物作任何的分別取捨。前文已說過，愛，既然是一體，就不可能排擠任何一物，因為愛在萬物身上只會看到一體性。縱然面對種種的殘酷無情，甚至喪盡天良之事，我們仍可能穿透戰場的殺伐之聲而看到世人對愛的呼求。基督慧見，亦可說是聖靈之見，它在每個人身上所看到的，若非「愛的流露」，就是「對愛的呼求」。不論面臨哪一者，結果都一樣，因為我們只會有一種回應，那就是愛。這是序言短短的開場所隱含的深意。

真理是不變的、永恆的、毫不隱晦的。

真理本身不只清晰透徹，而且永不變易，因為它是完美的「一」。然而，小我為了建立自己的家業，硬把上主的一體性變成二元形式，從此，真理便不再是真理了。聖子在小我的思想體系下，成了造物主的死對頭，世界正是由這個企圖跟上主分庭抗禮之念衍生出來的；這同時也說明了為何世間的一切都充斥著相對性。幸好，在實相之境，真理永恆不易，既不可能消失，更不可能複雜化。「上主永恆如是（God is），然後便緘默不語」（W-169.5:4），還有比這更單純的說法嗎？由於英文通常不允許單字成句，故沒有比 God is 這兩個字更簡短的句法了。遺憾的是，世人總喜歡把真理複雜化，只需看看當今紛歧龐雜的神學理論，便可見一斑了。即便有部分奇蹟學員試圖將這部課程搞得錯綜複雜，我們卻不該忘記，《奇蹟課程》原本就奠基於一個極其單純而簡要的前提上——唯真理是真，其餘皆幻，僅此而已。

人們可以視若無睹，卻無法改變它的原貌。

自從聖子掉入錯覺形成的虛幻夢境裡，我們對真理及愛的臨在便老是視而不見；縱然如此，我們仍然沒有能力改變真理實相一分一毫。借用〈正文〉的話，我們的確擁有拒絕接受真理的自由，但這不表示我們有本事賦予自己基督的生命，或者改變這一生命本質（T-3.VI.10:2）。我們的真相乃是天賦的產業，只有在夢境裡，我們才能為所欲為，篡改自己的真實身分；我們可以不理會它，或選擇否定它，甚至用小我來取代它，但無論如何，我們絕對改變不了自性的終極真相。

這幾句話的真正用意並不是在解說天堂的境界，因為天堂之境絕非我們所能了解，多說只是枉費功夫；唯有將這類抽象觀念具體套用於生活中，它對我們才真正有意義，而且息息相關。反過來說，這些抽象觀念一旦跟具體生活毫無關係，只要把眼光放到自己身上，我們就會發現自己種種的人際關係根本沒有反映出上述的真理。不消說，人間的關係始終糾纏不清，而且都不持久，因果相生，隨時變遷；縱然如此，永恆不變的真理仍然可能透過各種關係內生死不渝的愛而映照於人間。只不過，這種「愛的倒影」畢竟發生在兩具形體之間，故不可能留存千古，然而，它的生死不渝卻仍能反映出真愛的永恆性。即使一方拒絕接受這一倒影，甚至存心打壓，但不論小我如何玩弄**特殊之愛**，也永遠改變不了愛的實相。

耶穌要我們在無常的人世中學習，時時著眼於恆常不易那部分，只要操練得當，那超乎經驗的理念便能轉繹為我們的日常經驗。關鍵是，唯有切實把握奇蹟的原則，並且在現實生活中活學活用，這些話語才會活起來。如果我們只是一味蒙頭閱讀，欣賞高明的理念或美妙的文采，對於我們的生活，既不起作用，也毫無意義；因為我們一闔起書本，轉身便開始攻擊別人了，也許訴諸武力或惡言相向，也許只是一念怨尤，在剎那之間便遠離了愛的實相。請記得，若要避免這一結果，我們必須切身活出這些道理或原則才行。

否則，我們舉手投足之間都在作反面示範，無異於向世人證明天堂只是一個美麗的謊言。打個比方，你說天堂是永恆不易的，我們偏偏要演出變化莫測的人生戲碼，有時顯得很有愛心，轉眼就翻臉如寇讎；今天喜歡他，明天又討厭他。其實，這種反覆無常和對方的言行並沒有任何關係。前文已經解釋過，別人如何表現，絕不是真正的起因，犯不著為他們操心；我們甚至連自己的反覆無常也不用操心，因為人間的戲碼萬變不離其宗，全都出自小我。唯獨只有一種改變是有意義的，就是心靈轉換了自己的導師，決心將小我看待世界以及人際關係的眼光換成聖靈的眼光。其他任何的改變，終究說來，都是百害而無一利的，最終的下場不外乎毀滅一體之愛。因此，當我們讀到這類天堂的描述時，務必趕緊反省自己的生活，究竟是在為真理作證，還是活成了反面樣板。這才是修練奇蹟的關鍵所在。

上主創造的一切都屬於真理之境，也唯有祂的創造才真實不虛。

別忘了，「序言」僅僅是一個前奏，只會點到為止，不可能把全書的宗旨說個透徹，若想知其全貌，得靠後文分曉。上主只可能創造出祂自身本有的特質：靈性、聖愛、一體。凡是不屬於一體聖愛的，自然不可能出自祂，也不可能真的存在。請注意，「**觀念離不開它的源頭**」，這一至關重要的奇蹟原則雖然並未出現於序言，但它的深意卻已然蘊含其中了——上主藉著推恩自己的靈性（基督）而創造了我們，這表示基督原是天心本有的神聖一念，永遠離不開祂的神聖源頭，始終屬於天堂一體生命的一部分：

> ……你絕對找不到天父的盡頭以及聖子獨立出去的那一點。（W-132.12:4）

在天堂境界，天父與聖子之間是沒有分界點的；但在二元世界裡，身體最大的本事就是劃清彼此的界線。這原本就是兩種截然不同的境界。世上的一切全是由念頭投射出來的象徵符號，宛如夢中的景象；而身體可說是分裂之念最貼切的象徵，每個身體或形體都跟周邊的萬物界線分明，互不相干，而且各有各的生死。

自從聖子把那小小瘋狂一念當真，因而相信自己與上主天人永隔之後，分裂之念便展開並實現為真實後果了（T-27.VIII.6:2~3）。聖子成了造物主之外一個不同而且對立的生命，自此，那以上主為首的完美一體，也就是上主與基督一體不分的生命，好似不復存在。身體成了分裂之念最具體的外在表徵，因為它與別人的身體以及世間萬物不只分立，更是界線分明。可還記得「邁向平安的第三個障礙：死亡的魅力」那一節的醒世之言：死亡只是一念，與身體其實毫無瓜葛。耶穌這樣告誡我們：

> ……不論是標誌或象徵，都不可與它的實體混為一談，因象徵只是代表另一物而非它自身。故那些標誌或象徵的意義也不可能存於自身之內，你只能由它們所象徵之物去找。（T-19.IV. 三 .11:2~3）

同理，我們也必須格外留意，切莫把身體表相和造出身體的分裂之念混為一談，那一念才是所有問題的癥結所在。

容我再叮囑一次，這類教誨的本意，無非要我們切身反省自己的生活是否反映出上述的真理實相。但即便我們看見自己活出的根本就是小我的分裂體系，寬恕一下便成了。也就是明白自己之所以批判成性，而且對這種癮頭難割難捨的真正原因，不過是想要把分裂弄假成真的另一種伎倆而已。判斷，等於拒人於千里之外，這不限於有形可見的動作行為，因為我們更常藉由念頭及言詞，把暗中認同小我思想體系的那個決定演得活靈活現。話說回來，耶穌從不要求我們如上主那般去愛別人，他只希望我們學會寬恕，讓聖愛的倒影得以映現於人間，如此才解除得了分裂之境，恢復愛的記憶。

真理超越了時間及過程的範疇，那不是學習所能抵達的境界。它沒有對立，無始無終，且永恆如是。

這句話點出了前面引言那一句「上主永恆如是，然後便緘默不語」之深意（W-169.5:4）。耶穌在上述引言的最後一句It merely is（且永恆如是），特別用了一個副詞 merely，表示此外皆不是，而且，這絕非後天學習得來的，難怪《奇蹟課程》開宗明義便說：

> 本課程的宗旨並非教你愛的真諦，因為那是無法傳授的。（T-in.1:6）

也就是說，那種境界超乎一切的學習所能及。現在，我們大可將這句話改為：《奇蹟課程》並不是在教我們真理是什麼，它真正的目標是教導我們清除障礙，幫助我們恢復自己對真愛或真理的覺知（T-in.1:7）。說穿了，所謂障礙，就是指我們在人間所有的特殊關係，它們以光怪陸離的方式演活了小我的分裂思想體系。也因此，《奇蹟課程》的宗旨即是在解除小我的戲碼；這些彌天大謊一破解，真理實相立即水落石出。

再提醒一下，序言這幾句話的目的，並不是在教導我們天堂的真相；它為我們解說的抽象意境或原理，若非透過我們活出來，否則就毫無意義可言。正因如此，〈正文〉之後**緊接而來**的就是〈練習手冊〉，意在訓練我們每時每刻的起心動念，幫助我們把課程的某一觀點，藉著一天一課的操練，具體地落實在當天的生活裡。當然，〈正文〉和〈教師指南〉也同樣鼓勵我們在生活中實踐，但〈練習手冊〉給予一套最為具體的方法，詳細指點我們如何把每一課的觀點套用在自己每天切身的日常經驗層面。身為奇蹟學員，如果未能如實操練，等於聲明我根本無意探求那個「超乎學習的境界」，我只對自己**心目中的真理**有興趣，而非那個**絕對真理**。

究竟而言，時間與過程都不屬於「層次一」的領域，真理超越兩者之上，因此它沒有步驟、漸進或高下的觀念；在這個形上的境界，不僅時間是虛妄的，空間亦然。

> 因時間與空間是同一幻相，只是形式不同罷了。（T-26.VIII.1:3）

空間若不存在，身體自然也不可能存在，那麼，一步一步學習本課程，或牽起耶穌的手踏上靈修之旅的又是誰？從形而上的層次來講，它們其實全都不存在，難怪這類真理只在序言的開端寥寥數語帶過，就連整部課程提到真理實相時，多半也只能點到為止，絕大部分的課文把主力放在幻相層次。相對於「層次一」，在「層次二」的領域必然少不了一個過程，只因活在時間與空間內的我們有待學習，也需要老師的帶領。但在

「層次一」的真理之境，無需老師，因為無事可學；也沒有學習之人，因為在上主天心之外，什麼都沒有。

《奇蹟課程》的獨到之處，不只在於它的靈修途徑，更在於耶穌特有的教學方式，他把層次一和層次二整合得天衣無縫，有時甚至一句話就涵蓋了兩個層次。整體而言，《課程》反覆教導我們，縱然在虛妄的世界裡，我們仍可能按照天堂啟示的真相，在人間活出它的倒影。為此，即使《課程》直言不諱人間的虛幻，推翻了善惡和等級之分——只因所有的經歷，推到究竟，都同樣的虛幻。但即便如此，《課程》也從未要求我們否認自己的切身經歷或感受。換言之，「層次一」所描述的境界，對我們的現實生活看似發揮不了什麼具體作用，但它卻極其重要，因為我們的心靈需要這樣一個範本，才有機會在個人生活中體現那一真相。我們若能追隨它的指引，就不至於否認身體的存在而延誤了歸鄉的旅程；不僅如此，我們還會全力抵制小我對身體的詮釋，明白奇蹟之旅不必背負十字架之苦，因為〈正文〉說過：「通往十字架的道路可算是最後一條『無用之旅』了。」（T-4.in.3:1）總之，我們會坦然接受此生所經歷的種種過程，但在同時，也不再相信小我關於身體那一套虛妄的謊言了。

知見的世界

第二段

反之，知見屬於時間、變化、有始有終的世界。

知見世界與天堂截然不同，它屬於二元領域，必然離不開時間的因素，也因此，我們在時間內所經驗到的是一段有始有終的過程。「**過程**」一詞，隱含了變化之意，過程終點的你和起點的你勢必有所不同。我們在人間經歷的漫長過程，稱之為人生，它以胎兒形式出生，歷經種種成長階段，最後以死亡告終。這個怪異荒誕的知見世界，對我們卻顯得無比真實。相同的，靈性之旅也屬於知見世界的一部分，乍看好似有頭有尾一般，只不過它穿越的是幻相之境，故說它是「當下即至的旅程，目標永遠不變」（T-8.VI.9:7），這一切，只為了開啟我們的眼睛：

> 邁向上主的旅程不過是再次覺醒於你的本來境界以及你的永恆真相而已。（T-8.VI.9:6）

我們在虛幻的人生歷程中，即使論及自己的靈修，一樣離不開成長與變化的因素。無庸置疑，所謂「靈修之旅」，也絕非究竟真相；只因我們對非時間性的實相如此陌生，跟身體以及打造出身體的小我體系之認同又如此根深柢固，才會把覺醒講得好似真有一段過程。由於我們的體驗始終囿於時空的領域，《課程》不能不降到這一層面來跟我們交流，難怪耶穌老是把這個過程講得「有待時間」似的。最顯著的例子就是〈教師指南〉談到信賴形成的六個階段，耶穌從我們所在的處境一直說到證入真實世界（M-4.I.甲），這種鋪敘方式，顯然影射了一個過程。

究竟說來，過程也屬於一種幻覺。由於我們早已認定自己是知見世界之子，耶穌只能因材施教，教導我們面對幻相的兩種視角：小我的妄見以及聖靈的正見（亦稱為慧見）。這兩種看法勾勒出整個「層次二」的梗概，詳情則留待下文細述。我們目前只須了解兩者都屬於知見的領域，同等虛幻；所不同的，妄見令我們深陷夢境，正見則會溫柔地將我們喚醒。當我們的眼睛再度開啟時，不僅夢中的旅程會在瞬間結束，我們甚至記不得其中諸多無謂的經歷（T-18.IX.14:1;T-19.IV.四.6:6）。話說回來，只要我們仍然把自己視為一具身體，那麼，這類充滿了時間、變化，以及頭尾始終的旅程觀念，對我們仍會顯得意義無窮。

它的存在是靠詮釋解說，而非事實真相。

耶穌曾在〈正文〉說過，上主是「絕對的事實」（T-3.I.8:2），其他所謂的事實都是幻相，當然，也包括《奇蹟課程》在內。為此，當我們說知見世界是憑靠詮釋解說而產生的，真正的意思是：我們所聽到的只會是「層次二」兩種聲音的一種，若非透過小我的視角，就是聖靈的視角，兩種知見都是憑靠詮釋而產生的。然而，小我只准我們著眼於分裂的表相，不論是針對整個世界或自己的私人生活，它都鞏固了天人早已分裂、你我也大不相同的信念。因此，只要我們還相信小我之言而把身體當真，整個分裂之境就會顯得更加真實，因為身體本身就是分裂之念投射出來的幻影而已。反之，我們若透過聖靈的眼光，雖然仍會看到眼前的紛紜百態，但心中卻十分明白，每個人都是同一回事。《奇蹟課程》從不要求我們否認肉體經驗和那些充滿時間、變化以及有始有終的人間萬象，它只想教導我們另一種詮釋方式。嚴格說來，幻境中沒有所謂的「事實」，只有上主真相才是唯一的「事實」，其他一切純屬虛幻。再重申一次，世上沒有「事實」，只有兩種詮釋幻相的方式，一種會助長幻境，另一種則能解除幻境。

它是一個生死無常的世界，建立於匱乏、失落、分裂及死亡的信念上。

「知見」與「二元」，其實是同義詞。二元世界就是有生有死的物質世界，故說身體成了二元分裂之境的絕佳象徵。我們一生都在解決生老病死、身體感受及念頭思慮等等的問題，然而，問題的癥結根本不在身體，而是它底下隱藏的分裂無常的小我之念。為此，針對身體下手，根本是緣木求魚，把焦點瞄準身體，無異於對虛空放槍。不過，這並不表示你該漠視或戕害自己的身體，只是提醒大家，藉助於身體這一媒介，將自己帶回心內，面對自己曾幾何時認同小我的那個選擇。從這方面來講，身體其實大有用處，因為它會讓我們看清自己究竟拜誰為師；也唯有如此，我們才有機會改變妄念所作的決定。

從本質上來說，身體永遠處於匱乏狀態，這是有目共睹的事實。比如說，我們時時刻刻都得給肺臟注入氧氣，給腸胃加入充足的食物水分，更別提心理的匱乏了，我們始終感到自己沒有得到足夠的愛和關注，乃至他人的重視或仰慕。可以說，不論在生理還是心理上，我們必須不斷地填補，為了生存，不得不從他人身上奪取，這就是眾所周知的「同類相殘」法則。話說回來，身體固然徹底虛無，但它也是我們最有力的道具，因為它會勾出人心底下「唯有吞併別人，方能存活下去」這個念頭，而這一念的原型就是「我得把上主吞併，自我才能存在」那個原始無明之念。想當初，我們不正是從上主那兒盜取自己想要的生命、愛以及創造能力？我們欠缺什麼就搶奪什麼，這種陰險之念在心靈內激起了極其恐怖的罪惡感。再說，既然身體只是罪咎的具體象徵，那麼，所有致力於美化或聖化身體的企圖，必然只是白忙一場。想一想，小我之念怎麼可能變得美麗或神聖？海倫剛開始筆錄的那個月，耶穌曾對她說：「面對沙漠，只有一條出路，就是三十六計走為上策。」換句話說，不要企圖改善小我，只要捨棄它那套思想體系就成了。

由此可知，問題始終出在心靈，只因它一味相信自己就是那個為了生存而不惜毀滅天堂的罪魁禍首；也因此，若要化解這一心結，顯然也只能從心靈下手。說到底，我們內心的罪才是造成身體永受匱乏與失落之苦的元兇，因為我們心知肚明自己的一切都是盜取而來的，遲早會被索取回去；這個不可告人的罪惡感形成了自己終將失去一切的沉重失落感。如今，我們終於明白，為何現有的愛永遠無法滿足自己的需求，只因我們爭取來的愛轉眼便會煙消雲散。在小我心目中，那個愛並非自行消失，而是被人奪回的。於是我們只好加倍努力地索求，不幸的是，基於罪咎的作祟，不論如何索求，都無法填滿那個空虛感。至於罪咎和人間的特殊關係又如何從中攪局，留待後文再詳述。

冥冥之中，我們全都相信自己遲早會失落一切，只因我們也曾經害上主失落了一切。根據小我「**非此即彼**」的最高法則，上主必須失敗，我們才可能贏，但我們絕對不認為上主會從此罷手。既然心智失常的我們誤以為毀了上主，必然認定祂遲早會索回我們從祂那兒偷來的生命，這就是為什麼死亡成了世界悲歡大戲的主軸。即使非生物也一樣會毀滅，縱然一個石頭需要百萬年才會消融瓦解，但別忘了，七十年和七千萬年都是同一幻相。身體是為死亡而造的，因為小我的誕生源自上主的死亡，難怪罪咎會不時翻我們的舊賬：「你的生命是透過謀殺而盜取來的，如今上主必會以其道還治其人！」這幾句話點破了投射的玄機，而身體可說是「活生生」的投射樣板。從此，我們若不努力呼吸或進食，或找個工作糊口及安身，自己便必死無疑；同樣的，在情感方面，如果沒有某一個人的朝夕溫慰，我們也「必死」無疑。

雖說，身體代表了「匱乏、失落、分裂、死亡」的小我思想體系，然而，身體和世界終非問題之所在，它們只是心靈裡一個妄念的有形象徵而已，**切莫把象徵與本源混為一談了**。需要化解的不是那個象徵，而是它的源頭。套用柏拉圖的說法，象徵就好比陰影，陰影只是缺少亮光，它本身完全虛幻，毫無實質可言。因此，我們若不喜歡罪咎引發的陰森後果，唯有在源頭改變自己的想法，這才是真正的下手處。凡是致力於調整或改變陰影、害怕陰影，或為它感到內疚，甚至想要賦予這虛無陰影某種生命意義的人，都屬於神經錯亂之輩！不折不扣的，世界就是這一陰影，身體也是；我們的問題不過是忘了它們僅僅是陰影，而不斷下意識地把它們弄假成真罷了。

再重申一次，知見世界是一個大騙局。我們的所知所見，處處都在向我們證明世上真的有些東西值得去看、去了解、去經歷，甚至因之有一番作為。然而，只要我們好好用心觀察，便會明白，眼前這個充滿匱乏、失落、分裂和死亡的世界，不可能是上主創造的。世界和身體既然虛幻不實，表示我們的問題絕不在那兒；真正的問題就在於我們竟然**相信**世界和身體真的存在！正因為信念屬於心靈層次，故只能在這一層次去化解。耶穌一再提醒我們，**切莫把象徵與本源混為一談**，心靈才是一切問題的根源，只因心靈不再相信真相而選擇了幻相。

〈正文〉有一句發人深省的話：「沒有比只看外表的知見更盲目的了。」（T-22.III.6:7）我們無妨將它改寫為：「沒有比只看外表的知見更會欺騙或誤導人的了。」既然世上所見皆是形式表相，那麼當我看到你這個人在攻擊我這個人時，表示我已經上當，相信了小我的謊言，卻對真正的問題視而不見。耶穌在這篇序言後面兩度引用〈正文〉的名句「投射形成知見」（T-13.V.3:5;T-21.in.1:1）——我們在外面看到的一切，不過是反映出內心所作的選擇而已。為此，如果我們不喜歡眼前景物，只需改變心裡那個決定就夠了；也就是說，改換老師，從小我轉向聖靈，不再致力於改造外境，因為那兒沒什麼值得我們費心的，何苦浪費精力去改造一個陰影？只需轉變自己的看法就夠了，一如〈正文〉所言：

> 為此，不要設法去改變世界，而應決心改變你對世界的看法。知見是果，不是因。（T-21.in.1:7~8）

接著討論本段最後一句：

它〔知見世界〕**是由後天學習而來的，並非渾然天成，它是有選擇性的，隨著知見的偏好而左右搖擺，……**

〈正文〉說過：「你只有兩種情感，一種是你自己發明的，另一種則是上天所賜。」（T-13.V.10:1）也可以這樣說，一種是後天**學來**的，另一種是上天所賦予的。上主在創造之初即已賦予了我們愛，而我們卻用不堪入目的贗品（特殊的愛）來取代天堂的恩賜。在小我思想體系的薰陶下，恐懼顯得愈來愈真實，愛反倒成了虛假的謊言。

耶穌在〈練習手冊〉一開始便已耳提面命，運用當天的觀念時，不可自行挑揀練習的對象。比方說，他在第一課就提醒過，當我們環顧四周並且告訴自己沒有一物具有任何意義，這時，切莫跳過任何東西，而應無所不包，一視同仁。他當然不是指表相層次，因為我們絕對無法把周遭的一切看得巨細靡遺，重點是，我們不可故意把某物排除於自己的知見領域之外。耶穌雖然用日常物件為例，比如垃圾桶、衣架，但他要訓練的其實和這些東西一點關係都沒有，因為**形式層次**根本無法兼容並蓄，我們真正要修練的，是在**內涵層次**培養無所不容、不加揀擇的心態。反觀小我的世界，「它是有選擇性的，隨著知見的偏好……」，可以說，這句話正是特殊關係的最佳寫照。誰能滿足我的需求，誰就雀屏中選，任憑我吞併或宰殺。在過程中，我們不需要試探每一個人才能挑出誰對我好、誰對我不好；同樣的，我們也無需飲盡宇宙每一滴水才解除得了自己的乾渴；我們只要找到幾位能滿足我對特殊性的饑渴，也就心滿意足了。但別忘了，挑選這一群，等於排斥了另一群，聖子奧體就在我們分別取捨的眼中變得支離破碎了。為此，耶穌才會一再告誡我們，切莫把任何人剔除於自己的愛之外，因為我們也不想因此而自絕於耶穌的愛之外。

……因此它的功能缺乏穩定，它的詮釋也會失真。

知見世界極度不穩定，它永遠不可能像愛和真理那樣屹立不搖，必須隨時枕戈待旦，因為它只有靠攻擊與鬥爭的不定性才能坐大，完全影射出它自認為謀殺了上主以致深恐上主報復那檔子事。正因為我們存心否定發生在心靈層次那場天人之戰，才會向外投射出這樣的世界，淪為如此不堪的肉體，自然會對外面所有的人都心懷猜忌，唯恐遭到他們的傷害、盜取或吞併。我們處處懷疑別人不安好心，只因自己心底正在幹著同樣的事，這就是**投射形成知見**的道理——外面這些人原是按照我心目中的自己而打造出來的。難怪我們對外面所有的人事物都戒慎恐懼，不時窺伺人們的一舉一動，永遠不知他們何時會發動攻擊；說穿了，隨時準備攻擊的其實是我們自己。本課程說人間生活「缺乏穩定」，算是相當保留的說法了。

更嚴重的是，從此我們對外在境遇的解釋再也不可能正確了，只因它純粹以小我的眼光作為依據。**知見意味著詮釋**，這可說是本課程的核心觀念。關鍵不在於我眼睛看到什麼或耳朵聽到什麼，而在於我如何詮釋耳目傳來的感官訊息。《奇蹟課程》設法讓我們明白，負責詮釋的不是大腦而是心靈；一言以蔽之，我們心裡想要看到什麼就會做出什麼詮釋。小我希望我們看到分裂、攻擊及失落之苦，因為痛苦對於標榜個別利益的小我體系具有加持的作用，我們的存活就是靠這套思維而延續的。別忘了那句奇蹟名言——沒有比表相的知見更能蒙蔽人的眼目了。下文接著討論「聖靈的詮釋」，它與小我的思維截然相反，純粹著眼於共同福祉與同一需求，因為在聖靈的眼中，每一個人真的毫無不同。

兩套思想體系

下面第三段描述的仍屬於「層次一」的境界，它再度把知見世界的幻相和真理領域的真相作了一番對比。真知屬於非二元之境，反之，世俗的「知」有主體與客體、知者與所知之分。要知道，《奇蹟課程》提到真知，幾乎一概指向天堂境內那一體不二的真愛，與諾斯替派（Gnosticism）對真理的定義極其相似（Gnosticism一詞的字根就是真知，knowledge）。

與真知相對的即是知見，屬於二元之境，有知者與所知的主客體之分，自我認知當然也屬於此列，因為我們的身體不論是生理或心理層次，都可能成為我們感知及反思的對象。連《聖經》中的神明也難逃這一命運，祂在小我世界被視為一個知者或觀者，根據祂罪孽深重的兒女之表現而決定賞罰。雖然《課程》借用了基督教的傳統語彙，把造物主說成「一位」神明，祂目睹天人分裂的慘境，打造出一位聖靈以及一套救贖計畫，《課程》甚至描繪這位神明會為兒女遠離而哭泣，感受到失落兒女的痛心。然而，《奇蹟課程》真正要說的內涵，與擬人化的描述恰恰相反；它只是借用我們習慣的語言來傳達訊息，以免我們對上主（無形無相的一體真相）心生恐懼。但在同時，它又告訴我們，實相層次的上主只有完美一體的真知，因此，祂其實不可能知道分裂幻相，更不可能為我們解決分裂問題，否則，豈不表示祂也掉入二元的知見領域，變得跟我們一樣瘋狂失常了。

第三段

於是，在真知與知見的基礎上，發展出了兩種截然不同，甚至可以說是全然對立的思想體系。

這一句直指上主與小我兩套思想體系，也就是真理與幻相兩種不同的境界。

在真知境內，上主之外沒有一個念頭真的存在，因為上主和祂的造化共享同一旨意。

這句話的關鍵字在於同一的「一」，既然上主之外沒有一個真實念頭存在，聖子也不可能存在於造物主之外。這令我們想起先前引用過的那句引言：「……你絕對找不到天父的盡頭以及聖子獨立出去的那一點。」（W-132.12:4）在知見世界裡，絕對找不到與完美一體的實相對等的真相。耶穌在〈正文〉告訴我們，真理本身永恆不變，但只要我們仍視自己為另一生命，「**合一與一體的觀念**」對我們便會顯得毫無意義（T-25.I.7:1）。雖然在頭腦的理解上，我們知道天堂那個境界大概是怎麼一回事，但是，尚在分裂妄心的世界裡打轉的我們，最多也只能嘗試活出一體真相的倒影，意識到所有人與生俱來的同一目標以及同一需求——我們共具神智失常的一面，也共享神智清明的一面；同時擁有小我、聖靈以及一個抉擇主體。在天堂裡，我們仍然一樣，擁有同一基督自性，同一旨意；換句話說，聖子奧體的生命中沒有任何差異性。

我已說過，耶穌雖然採用二元詞彙來描述上主及其造化，但他不忘為我們再三釐清，實相中只有完美的一體生命。這句話透露出他不能不妥協於二元詞彙的苦衷；即使論及一體實相時，他也不得不遷就二元的思想架構，誠如他在〈詞彙解析〉的聲明：「本課程完全是針對小我的思想架構而寫成的，因為只有小我需要這一課程。」（C-in.3:1）小我思維脫離不了二元性的文字與概念，耶穌卻再三點醒我們：救恩是徹底超越概念的（T-31.V.14:3）；「……語言只是象徵的象徵。因此，它離真相有雙重之隔。」（M-21.1:9~10）說到底，人類的語言乃是為了延續分裂幻境而造出的（M-21.1:7），上主怎麼可能聽得懂這些南蠻鴃舌之音！總之，《奇蹟課程》雖使用文字與概念，目的卻遠遠超越它們之上。

下文開始對比真知與知見的不同：

至於知見的世界，則是由對立的信念與分歧的意願所構成，它不但自相矛盾，並且與上主永遠對立。

在無始之始那一刻，我們不只相信天人分裂了，還造出另一種意志（will），企圖與上主旨意（Will）分庭抗禮。然而，這在實相之境是不可能發生的事，不幸的是，我們卻相信真有這種可能，而世界便是由這個信念中誕生的。在那一刻，聖子看看自己，再瞧瞧他的造物主，高聲向上主抗議：「祢看，我這不就屈居老二了！不，我不喜歡這種關係，也不願臣服於祢！」這種對立的意志一出現，我們立即感受到另一意志的存在，心靈從此一分為二。它一旦相信分裂真的發生了，就不可能不相信萬物的分別與差異，這個分別對立的狀態，因著我們的攻擊而更加鞏固。就這樣，判斷逐漸取代了愛，而且成為人間最真實可靠的東西。

究竟說來，分裂、差異性、判斷、攻擊，都是同一回事；有其一，便有其二。也就是說，我們若相信自己與上主是兩個不同的生命，那一刻必會相信彼此處於對立狀態。一旦把這個差異當真，我們便不能不學習分別判斷，為了保護「自己」這個寶貝，也不得不發動攻擊。從此，我們把那個與上主對立的生命視為自我，為了保全它的存在，奮戰至死也在所不惜，甚至企圖謀殺每一個人以及每一物（我們當然不會訴諸行動，但腦子裡確實暗藏「不是你死就是我活」的心態）。我們極盡所能地利用、操縱和吞併身邊的人，乃至於彼此傷害，全是為了個體的利益，絕不可能著眼於共同福祉。除此之外，我們也不會真正關心別人，唯獨在乎他們是否滿足得了自己的需求。只因我們先把無明一念當真了，只好繼續向上主嗆聲：「祢，或完美一體，或圓滿之愛，算什麼！重要的是我。」這番表白自私自大至極，當然會激發恐怖的罪咎感，小我那整套神經錯亂的思想體系就是這麼拉開帷幕的，最後打造出這個絕頂恐怖的世界。

如果說**觀念離不開它的源頭**，表示世界也不曾離開過心靈的分裂之念。一切萬有都源自「我存在」這一念；而我的存在既是由上主那兒盜取來的，當然就要小心守護，以免又被祂搶回去。本課程以擬人的語氣道出了小我的神話故事，為我們解釋了何以然世人無一不提心吊膽地活在人間，為了保全自己偷來的生命，可說是無所不用其極。無怪乎人人心中充滿憤怒與批判，卻又矯揉造作，掩飾真相。然而，事實擺在眼前，我們都是在恨中誕生，怨怪造物主剝奪了我們獨立自主的權利，我們真的是如此認定的。當上主沒有俯允自己這分裂個體的特殊需求時，我們便決定自力更生，身體就是這麼打造出來的。它為我們演活了一肚子怨氣的自我，還不時標榜著自己的獨立存在。這個自我躲在生理及心理的高牆內，好似向世界及上主示威：「嚴禁入內，你若敢越雷池一步，我就吞併你，滿足自己需求後，再將你驅逐出境。」沒有錯，我們就是這麼對待彼此的，同時，我們知道別人也會如此以牙還牙對待我們。然則，這類冤冤相報的戲碼只可能在神經錯亂的人心內不斷上演。

基於我們相信自己與他人各有不同的意願，人間好戲就此鑼鼓喧天了。正因它與上主旨意背道而馳，你我之間必然衝突迭起，難怪我們跟大自然也一直處於對立鬥爭的狀態。試看，一旦缺了水源、氧氣與食物，人們便難以存活，焉能不爭個你死我活？同理，國際間之所以烽火不斷，就因沒有一個國家擁有足夠的資源，必得開始學會貿易往來，但這種交易從來不是以共同福祉為前提，每個國家都想盡辦法以最小的代價攫取最大的回報。這一切顯得如此天經地義，只因它與我們以前和上主的交易手法根本如出一轍，除非祂手下留情，我們才會設法回報祂的仁慈。

唯有看穿天人交鋒這個神話故事，我們才可能聽得懂下文所說的特殊關係。相同的，如果我們深刻了解那些關係是怎麼從上主之子心中醞釀出來的，就更能體會到我們真的全然相同：每個人都是那唯一聖子的一部分，也都活在兩套思想體系中。尤其是，如果我們再進一步體會出「觀念離不開它的源頭」的道理，明白你我全都活在神智失常的小我陰影下，特別是看到自己為了生存，如何仰賴吸氧、吞食，心理上又如何索求別人的愛和肯定，自然會對所有的人油然生出「同體大悲」的心懷，並且深深意識到，我們都存活在一條船上，只能同舟共濟。一言以蔽之，我們同出一源，在真理之境，同出於上主；在幻境中，同出於小我。僅僅如此而已。

由知見產生的見聞，狀似真實，因為它只容許觀者想要看到的東西進入他的意識之中，幻相就這樣誕生了。

到目前為止，這篇序言尚未提到「身體」一詞，但我們都知道，知見離不開身體。知見世界之所以顯得如此真實，只因我們為身體打造了一套極其精微的感官系統。感官天生具備向「外」搜集訊息的本事，回傳給身體的另一個器官——大腦，再經過大腦的詮釋而後傳遞給我們，教我們如何見機行事。然而，我們通常意識不到：自己所有的反應其實並非出自複雜的大腦神經與感官系統，根本是心靈在背後主導。說到底，身體所有的官能無一不是為了證明分裂乃是不容否認的事實，瞧，你能夠看到，能夠聽到、嗅到、嚐到、觸到，除了這些感覺，你還能「直覺」呢。不論你相信前五識或第六感，它們全部都在為分裂之境背書，同時還證明身體與世界真的存在。

一點也沒有錯，我們絲毫沒有意識到感官知見的背後其實是有陰謀的。要知道，外在世界不僅是內在心境的具體呈現而已（T-21.in.l:5），我們的所知所見還影射出「心靈要將分裂弄假成真又想把責任推給世界」這一陰謀。總而言之，身體在知見世界裡只有一個目的，就是證明天人分裂。再說，人間的種種分化歧異更是不爭的事實，只要看看自己如何受害於他人，所有的判斷與攻擊都變得情有可原了。

佛洛伊德一向主張：所有的夢，不過是完成人們內心未了的私願而已。耶穌認同這個觀點，但更進一步闡述，不只睡時之夢，世間發生的一切全都是我們心靈夢想出來的。我們潛意識裡有個不可告人的心願，就是既想跟上主分裂，但又無需為此負責。於是，每當身體受苦時，我們很自然會將責任推諉給細菌、腐敗的食品、空氣污染、缺乏關愛，或是身體不得不日趨衰老這一自然因果律等等，總之，無論如何就是絕不跟自己的心靈掛勾，一股腦兒把痛苦歸咎於各種外在因素，卻故意「遺忘」心靈選擇罪咎的那個決定：

> 但你十分肯定，在那些使你痛不欲生的各種原因當中，你從不把自己的罪咎計算在內。（T-27.VII.7:4）

不僅如此，我們還有更高明的一招，讓物質生命始於一個徹底純潔無助的胎兒，它誕生為純潔無助的嬰兒後，完全得仰賴外在力量的照顧。還有比這更能滿全小我陰謀的手腕嗎！嬰兒的生存模式本身就是一種聲明：「我存在！但不能怪我，投胎人間不是我的決定，我時時都處在饑餓狀態，屁股長滿了疹子，或者被父母遺棄，這完全不是我的選擇。瞧瞧，我連照顧自己的能力都沒有！」我們只要能讀出這個象徵背後的居心用意，由形式進入內涵，便不難從中看透小我的伎倆。不論我才一歲，或四五十歲，甚至九十歲，玩的都是同一個花招。我們全是嬰兒，都有一張永不饜足的大嘴巴，對身邊的人嚷嚷著：「餵養我吧！你若不依我，我會給你好看，而且讓全世界都知道你對不起我！」

每一個人都很熟悉這類把戲，因為我們擁有同樣的身體，而且活在小我同一私心之中。在這樣的觀照之下，看來毫不相干的人生經歷立即顯現出內在的相通之處——我們全被同一個妄念牽著鼻子走，終其一生都在滿全小我的私願，而且在小我眼中，我們還演得非常稱職。只要看看這一具身體，倘若沒有外在的支援，一天都活不下去，真教人不得不佩服小我的神通廣大！試想，人生若真是一場夢，為什麼我們要為自己編造出這種無法自力更生、處處得依賴他人與外物的身體？答案很簡單，就是那個最原始的妄念：「我需要上主的愛，不能不靠祂而生存，但我自己卻一無所有，故不能不盜取祂的能力。」身體與心靈原是同一回事，身體只是那原始妄念留下的一道陰影而已；這虛妄之念雖然滋生出一個虛妄世界，卻也永遠脫離不了自己的源頭。

「分裂是不爭的事實，但這不是我的錯！」每一個研修奇蹟的學員都該誠實反觀小我這個不可告人的秘密，留意它究竟是如何在自己的現實生活中一幕一幕演出的；可以說，每一件事，每一種感受，在小我的精心設計下，我們都能歸咎於外在的事件或人物。如果早上起床感到不適，我們立刻有一堆理由可以怪罪，不管是身體出岔或心頭不爽，究其原因，若非食物、天氣，就是今天有個難纏的會議，或昨晚的噩夢……，反正一概跟自己的心靈扯不上半點關係，心靈至多也只能忍受這一苦果。換句話說，小我總有辦法讓我們確信不疑：知見世界的自然法則才是害我和上主漸行漸遠的元凶，但這不能怪我！

正因它不是真的，因此不能不隨時護衛自身的存在。

這句話說得一針見血。凡是出於小我的任何一種特殊性而生出之憤怒、怨恨或判斷，基本上都屬於自我防衛的伎倆。真正感受到上主聖愛之人，根本不需要保護自己，因為他知道自己和上主不曾分開過。耶穌便是上主聖愛在夢境中的化身，只要感受到他的臨在，我們便知道自己和他不曾分開過，那麼，罪咎、天譴的恐懼，乃至於投射機制，便失去了立足之地，我們自然不會感到活得草木皆兵了。

只有幻相才需要人們的保護。如果有人宣稱，他們必須保護自己的信仰不受異教徒的污染，不論他們相信的是《聖經》或《奇蹟課程》，我們都知道這絕不可能出自上主的愛，而是來自小我那位神明，因為只有小我的愛才有待人們的保護與防衛。《奇蹟課程》不需要任何人為它挺身而出，也不需要人們傳揚它的真理；「你」**就是**真理，你的臨在本身成了最好的老師。只要一生起防衛之心，不論是保護自己或保護你所相信的《課程》，你其實是在保護一個幻相。在真理與真愛之境，沒有一物需要保護，因為沒有一物威脅得了它。

小我整套的思想體系都是源自一個謊言，它聲稱上主那兒慘遭浩劫，不只天堂之歌被切斷了，整首交響樂全都毀於一旦；上主徹底被我們消滅了，聖子被釘死了，天堂之愛蕩然無存。總之，小我告訴我們，事態嚴重，我們必須嚴陣以待，打造一套防衛機制來自保。〈正文〉有句發人深省的話：「所有防衛措施所『做』的，恰恰變成了它們所『防』的。」（T-17.IV.7:1）防衛的目的原本是幫我們抵擋恐懼，結果反而令我們相信自己一定做錯了什麼或犯了什麼罪，搞得自己更加恐慌。這些防衛手段，表面上看似要保護我們，其實是在恫嚇我們：「外面有一種力量會傷害我們，因為我們已經傷害了其他東西。」所以才說，我們的防衛反倒強化了自己有罪的信念。毫無疑問，所有的恐懼都是由此而起的，它們**所做的**，恰恰變成它們**所防的**；而我們所防的，根本就是一個大幻相。

總歸一句，真理無需任何保護，上主、耶穌或這部課程也不需要保護，因之，**我們**也無需建立防衛措施。這幾句話道盡了「不設防就是我的保障」那一課最精髓的要旨（W-153）。只要我一擺出防衛的架勢（這正是小我的常態），就等於暴露了自己脆弱無能的事實，那我還可能感到安全嗎？我也許應付得了這個對頭，但那個冤家怎麼辦？對付了今天的討債鬼，但明天的敵人呢？只要罪咎一日不除，我們永遠解除不了恐懼的起因。這罪咎出自於一個錯誤的認定——我們犯了滔天大罪，把上主聖愛毀了！我們只要還將某一種分裂的形式當真（比方說，把自己與對方看成不同的人），等於證明天人分裂絕對發生了。反之，我們若能將他人與自己的福祉視為同一回事，當下便把這個錯誤修正過來了。分裂若無法立足，罪咎、投射或恐懼自然隨之消逝，那麼，我們根本不需要處處保護自己了。為此，我們可以這樣說，唯有不設防（也就是深信自己再也沒有保護自己或別人的必要），才可能在人間夢境反映出天堂的純潔無罪。但請記住，上述的理念純粹是針對內涵或心念的層次而說的，它跟我們在現實生活中該怎麼做毫無關係。

「層次一」的討論到此告一段落，接下來，序言其餘的部分為我們架構了「層次二」的思想體系。

第二章

層次二：知見的世界—小我與聖靈

前一章已針對「層次一」的境界，將真理與幻相、真知與知見做了一番對比。「層次二」開始進入夢境，探討幻相以及知見的問題。這一層次又進一步為我們對比了以個別利益為核心的小我妄念體系和以共同福祉為目標的聖靈正念體系。雖然兩者均屬幻相，所不同的，妄念之見會助長罪咎，令我們在幻境愈陷愈深；唯有正念的寬恕之見，方能化解一切。罪咎一經寬恕化解，寬恕便形同虛設，跟著小我與聖靈一併消失了蹤影，我們便進入了所謂的「真實世界」。闡述至此，序言便完成了它的任務。

耶穌向我們明白點出，心靈早已分裂的我們，根本無法真正了解真知之境，之後，他便擱置了這個議題。確實，真愛與一體完全超乎世人的理解；縱然如此，它們在人間的倒影，依舊在我們學習、操練與體驗的範圍之內，只要我們能夠在每個人身上看出「同一需求」、「同一問題」，以及「同一目標」，便不虛「此行」了。唯有如此，我們才能從小我的分裂與知見之夢中覺醒過來。

跳脫夢境

第四段

一旦陷入了知見的世界，你便墜入了夢境。

耶穌特別愛用夢境作為比喻，因為夢境最能凸顯出知見世界的虛幻。他曾說過，我們「正安居於上主的家園，只是在作一個放逐之夢而已」（T-10.I.2:1），這句話也可理解為：我們早已覺醒於上主內，只不過還在作一個放逐之夢而已。正因為每個人都有過作夢的經驗，故對這種象徵會感到特別深刻。佛洛伊德整套的精神分析學都奠基於他對夢境的了解，藉之套用於所有人生場景上。我在前文說過，耶穌也採用了類似的象徵手法，只是，他還進一步把睡夢的觀念延伸到整個世界也是一場大夢。我們對睡夢的本質多少有些概念，入睡之時，夢中情景顯得那般真實，一覺醒來，卻又頓時變得如此虛幻。可以說，這種感覺其實道盡了人生所有的經歷。我們自認為醒著的時候，世界栩栩如生，人間的種種關係和事件也真的一一發生了；然而，事實絕非如此，所有的一切，其實只發生於心內。為此，活在世上的我們，即使感到外面的世界真實無比，心裡卻要記得這只是一場夢，它的真實程度絕不會勝過昨晚的夢，如此，我們再也不會把此生的經歷看得那般嚴重了。

正因如此，我們對夢的本質應該有一番理性的認知，才可能逐步將奇蹟原則融入現實生活裡，不再賦予世界控制自己的能力，這才顯示自己的確上道了。當然，我們不會故意忽視或否認周遭發生的事，只是不再小題大做，但也不至於麻木不仁，僅僅知道它們再也奪不走自己的平安，這樣，我們才敢說，自己終於看透了世界的虛幻。換句話說，我們不會故意否認世界的存在，只是否認「世界是害自己生病或煩惱不安的罪魁禍首」，如此而已。縱然它影響得了身體，讓我們受苦，甚至奪走生命，但它左右不了心靈，最多只能在夢境裡呼風喚雨。的確如此，只要一陷入分裂之夢，世界必定會令你焦慮、生氣、沮喪、生病，或者快活無比；但一張開眼睛，那場夢立即煙消雲散，你很清楚那場夢對你一點影響都沒有。於是，你在夢中急著解決某個問題的緊繃心情，自然就消退下去了。那種急迫感一旦解除，你便自由了，即使面對世界的紛擾，也仍然遊刃有餘，只因你已經解除了你與世界的矛盾，而干擾你日常表現的那種壓力也不復存在了。

為此，耶穌一開始就要我們看清世界根本沒有奪走心靈平安的能耐。不論自己經歷到什麼，或摯愛的親人遭到何等不幸，都再也左右不了自己的心境——除非我們自甘賦予外在事件這種力量。〈正文〉曾一語中的地形容夢中的角色，：

> 你一旦認清了那原是你自己作的夢，不論夢中角色顯得何等可恨或何等兇暴，都再也影響不到你了。（T-27.VIII.10:6）

不論世界顯得多麼恐怖無情，唯有自己忘了這只是一場夢，它才能夠左右我們，因此，只要對這個真相時時刻刻念茲在茲，世間便沒有任何事動搖得了心靈的平安。請記得，所有身心受盡世界摧殘的受害者，不是靠著否認過去而重生的，而是藉由這一番領悟來迎接新生命的：「它可能傷害得了我的身體或我家人，但絕對傷不到我，因為那些事一點也影響不了心靈。這才是真正的我。」當然，這番領悟有待修行，但也唯有朝此方向努力，我們才敢說自己選對了老師、走對了門。即使只有幼稚園甚至托兒所的程度，至少，**我們已經踏進了學校的大門**。從今而後，這一生開始有了巨大的意義，而且必定不虛此行，因為我真正在修行了。只要選對了老師，他就會教導我們如何把所有的經歷轉化為他的課堂，明白周遭的一切確實無法影響真正的自己，更干擾不了自己生命之歌的任何一個音符。如此，這一生的寬恕之歌，自然成了天堂聖愛之頌的美妙迴響。

若非外力施以援手，是難以脫身的……

大家應該還記得〈正文〉的一句話：小我的思想體系「只騙得了人間笨蛋」（T-5.VI.10:6），沒有錯，一旦陷入小我的體系，我們根本無法憑靠自己從系統裡脫身。好好想一想，在我們這一輩子裡度過的種種難關中，小我教會了我們多少的技巧、能力、聰明，乃至於「堅強」，所有這些能力，豈不正是害我們在夢境中永遠醒不過來的原因？這些能力全是讓我們在夢中繼續**陷下去**，而不是從夢中**醒過來**的力量，因為這些技能與力量只會讓我們愈來愈依靠自己。在此，耶穌卻斷然告訴我們，我們的確有待救援，而這個救援必須來自小我之外。

……因為你的感官所經驗到的一切，都在向你證明夢境的真實性。

不只我們的感官警告我們事態嚴重，我們的大腦還會推波助瀾。回顧一下我們這一生，每個人都已經學會了種種滿足所需的生存之道，懂得如何向外收集資訊，加以分析，然後付諸行動。無可諱言，有些人的生存能力比較強，但不論好歹，我們全都活下來了。母胎中的我們原本一無所能，一生出來就得快速學習適應這個無情又怪異的環境，學會了呼吸、進食、照顧自己，逐漸長大，發展出十足的生理與心理能力，才應付得了這個世界。我們不能不學，否則我們無法立足於世界。

成長過程中的點點滴滴，都成了人生課程的一部分。然而，有朝一日，我們終會明白，從夢中覺醒其實無需孤軍奮鬥。要立足於世上，當然得自力更生；但若想覺醒，我們則需要藉助於身體與大腦這套系統之外的另一力量。是的，縱然小我的思想體系騙得了人間笨蛋，卻騙不了上主（T-5.VI.10:6）。上主、真理、實相及真愛，都在小我之外，但上主的記憶卻始終保留在分裂的心靈內，那就是聖靈；聖靈代表了那個實相留在心中的記憶。如今，小我卻要我們相信自己不僅逃出了實相，而且毀了實相，上主正不擇手段地追殺我們。為此，我們真的需要外力的援助，只因「感官所經驗到的一切，都在向你證明夢境的真實性」。

我們不妨將耶穌視為從夢境之外照亮心靈的那一道光明，不斷召喚我們從夢境走出來。我們得藉助他的有形之身去體驗他的愛，唯有如此，我們才有機會超越形體而提昇到心靈的層次。然而遺憾的是，世人總想把耶穌拉入自己的夢裡，讓他成為夢境的一部分。耶穌曾這樣告訴海倫：「我不是那嘲弄真相的夢境。」（《天恩詩集／暫譯》P.121）意思是說，他不屬於夢境的一部分，更無意嘲弄上主的造化。他的思維象徵了實相的境界，他邀請我們跟著這套思想體系一起走出夢境，向實相邁進。

上主早已給了你最後的答案，那是你唯一的出路、真正的援助。

現在，我們再度面對本課程的二元語彙了。嚴格地說，上主不會給予任何答案的，否則，豈不意味祂也認為事態嚴重？如果連上主都跟我們一樣神智失常，著眼於子虛烏有之物，那我們可真是下場堪憂了。難怪《聖經》描述的上主這麼喜怒無常，一切行事全憑祂一時的好惡而定。無庸置疑，反覆無常的小我體系打造出來的神明，情緒當然變化多端。就這樣，我們的生命源頭陷入了夢境，淪為一個緊盯著罪咎又喜愛審判的神，祂甚至還想出一套恐怖的救贖計畫，把耶穌當作牲祭，獻給這個世界。無疑，我們就是在這類聖經神話中長大的，那一套講的全是義怒、報應及最後審判。想一想，如果你站錯了邊，生為埃及人，或是在聖殿前負責兌換錢幣的，或經師、法利賽人、公羊牲祭，或是被釘在耶穌兩側的賊，抱歉！天堂對你**愛莫能助**。很顯然，這位「上主」的寬恕、慈悲與愛是有所揀擇的。不論有沒有宗教信仰，我們多多少少都相信了這類神話的寓意：我有罪，老天看在眼裡，照例會報應我們。這種神話反映出人類自認為的處境，〈正文〉的第二及第三條無明法則所描述的正是這番景象：聖子終於向天父俯首認罪，而天父信以為真，推出一套報應與贖罪的救恩計畫（T-23.II.4~8）。

不，這絕不是《奇蹟課程》裡的上主，因祂完全超越了二元世界；然而，只因世人所信仰的上主大多屬於《聖經》那種神明，耶穌才會沿用大家熟悉的語言，把造物主說得好似人類大家庭的一份子。實相中的上主當然不是一個人，但只要我們還把自己視為一具形體，必定會將上主想成跟我們一個模樣：

> 當你看到自己活在身體裡頭，怎麼可能知道你原本只是一個「理念」？世上每一樣東西，都得靠外在形狀

> 才能指認出來。若沒有身體或是你熟悉的形式，你連上主是什麼模樣都想像不出。（T-18.VIII.1:5~7）

因此說，切莫被《課程》的語言所惑，我們實在應該把這部書當成一首敘事詩來讀，欣賞它那莊嚴美妙的象徵之餘，還要隨時提醒自己，別再把象徵與源頭、文字與實相混為一談了。可還記得，象徵的目的原是為了幫助我們超越象徵本身。〈正文〉在「超越象徵之上」那一節說得很清楚（T-27.III）：《奇蹟課程》本身也只是一種象徵，為了遷就自認為活在夢境裡的我們而寫，目標卻是將我們由夢中喚醒。請記住，象徵本身沒有任何實質可言。

一如我先前所提過，「合一與一體的觀念」絕不是我們所能了解的（T-25.I.7:1），耶穌緊接著也不忘補上一句：一體之境給我們的訊息，不能不遷就我們認為自己所在的處境：

> 祂會使用心靈所能了解的語言，利用它自以為面臨的事件。（T-25.I.7:4）

上面的「它自以為面臨的」一語，指的就是我們的二元分裂之境，因而天堂的一體之愛也只能用二元世界的象徵向我們說話。由此可知，為了完成聖靈的目的，《課程》的詞彙也有它的具體作用。正如我們馬上就會看到的，聖靈無意奪走我們的特殊關係，只會加以轉化；耶穌亦復如此，他不會奪走我們的二元語言，只是加以轉化而已。

進而言之，耶穌借用小我那一套神話故事的基本素材（我們有罪，上主知道，祂也回應了），開始編織另一個故事。但他的故事已不再那麼恐怖，這位慈愛的長兄在床頭為我們講述的是另一個撫慰人心的童話。他利用小我終日在我們耳邊嘟囔的故事，相同的場景，相同的人物，卻說出全然不同的情節：上主的答覆既沒有要求我們以犧牲來換取救贖，也無意加深我們的內疚，更不玩什麼「**非此即彼、非你即我**」的把戲——好似總得逮到一個人為此罪付出痛苦與死亡的代價，才肯罷休。毋庸多說，我們也不宜將耶穌的童話故事視為至理名言而咬文嚼字，只須把它當成聖靈為修正小我妄念而編出的一個正念故事。《課程》明白指出，小我總是先聲奪人，而且所言必錯；唯有聖靈才是終極答案（T-5.VI.3:5;4:1~2）。這部課程正代表了聖靈給予小我的答覆；在當中，我們的長兄耶穌把罪、咎、懼、天譴以及充滿痛苦死亡的人生情節徹底改寫，溫柔地將我們領出小我的噩夢而踏上歸鄉之路。

祂的聲音，也就是聖靈，肩負起溝通這兩個世界的使命。

從真理實相的角度來講，聖靈僅僅是一念，代表了我們對上主之愛及自己的基督身分那個記憶；在我們落入夢境之際，這個記憶仍會隨著我們一起進入夢中。我們若能隨時保持這種認知，就不會受小我誤導，而把形式與內涵混為一談。〈正文〉用了一個看似矛盾的詞「當下的記憶」，就是在闡述這個記憶將我們拉回真理之境，憶起那個真愛，而且明白我們不曾與它分離過片刻（T-28.I）。好比說，我們摯愛的親人過世了，他的形體已不復存在，但我們的連結並未因之中斷，種種記憶、想法以及留下的象徵物件，隨時幫我們憶起故人。我們始終「藕斷絲連」，若非連結在愛內，就是重逢於憤怒或不安之中，端視自己的寬恕功夫達到什麼境地。我們感覺得到過世親人的臨在，因為在心靈的層次，他確實**在**。

〈正文〉「與真理連結」那一節，把象徵真愛的記憶或聖愛之念的聖靈形容為仲介（T-25.I）。我在前文也引用過這一節，它說聖靈在真理與幻境兩個世界之間扮演仲介的角色。雖然內文把聖靈描繪得好似一個活生生的人，但我們心中十分明白，這些象徵容或幫助很大，但象徵終歸象徵。只要我們每天早晨在浴室鏡子裡看到一個身影，還認為這影子有名有姓（**我的**名字），還有一段心路歷程（**我的**經歷），就表示我們絕對需要這個仲介象徵，才可能體會到自己內心那個「非小我」的存在。《奇蹟課程》賦予那象徵兩個名字：耶穌或聖靈，祂們的臨在會喚醒我們對上主的記憶。縱然我們隨時都得向祂們求助，心裡卻很清楚，祂們其實代表了我們的自性，我們原是祂們生命的一部分，這種體驗在我們回家的路上會愈來愈深刻。話說回來，只要我們還認為自己是與眾不同的某號人物，就同樣需要另一位不同於自己的人物，來為我們象徵出上主的境界，那位象徵人物遲早會將我們領回上主的一體生命的。

祂之所以不負所託，只因祂一面深曉真理實相，一面又深諳人間的幻相，卻能不受幻相所蒙蔽。

可以說，聖靈就是呈現心靈真相的一個範本，也是測量自己的經驗之氣壓計。我們必得仰賴這一聖念的臨在，方能憶起我們原是同一生命。每當我們情不自禁把別人視為另一個不同的生命，必會緊抓著彼此的歧異大做文章，那種時候，只要記得把這類妄念交付給心內的這位聖者就成了。《奇蹟課程》要我們把幻相帶入真相，從個別利益轉向共同福祉，聖靈即是這個真理最偉大的象徵，唯有透過祂，我們才認得出自己的種種錯覺妄想。也就是說，我們一旦把別人看成異類或外人，開始對別人有所要求或期待，這時，就該意識到自己跟錯了老師，趕緊重新選擇，將小我這些幻覺帶到聖靈的真理前。

聖靈的目標即是教我們扭轉自己的想法，清除過去學來的錯誤，幫助我們由夢境中脫身。

請記得，這幾句話並非從實相或真知的角度而說的。凡是活在夢境裡的人，都必須經歷一段「扭轉想法、清除錯誤」的過程。耶穌在〈教師指南〉說過，人間真正的學習只是解除過去所學而已（M-4.X.3:7）。我們都知道，小我最愛先聲奪人而且所言必錯，因此，只要看清小我錯得有多離譜，以及我們對它有多麼言聽計從也就夠了。話說回來，若要解除小我教導的那一套，總得先探問清楚它究竟教了我們**什麼**！我們這才明白，何以然《課程》會用這麼多的篇幅為我們解析小我，並且還特別著墨於特殊關係。倘若不清楚自己以前學過什麼或作過何種選擇，我們又何從解除過去所學而作出新的選擇？顯然的，我們如今種種的表現，完全是小我調教出來的結果；但我們很可能沒有意識到，這一切純粹是我們的自我調教，只因小我其實就是我們自己的化身。

到此，我們總算明白這部書命名為《奇蹟課程》的深意所在了。它採用〈正文〉、〈練習手冊〉、〈教師指南〉的上課形式，將我們送進了學校。不僅如此，它還具體採用了特殊關係作為基本教材，聘請聖靈或耶穌擔任導師，一路指導我們研讀與操練。因此，這部課程其實是一整套的教學系統，它把小我思想體系剖析得如此透徹，讓我們意識到這個小我原是自己心靈的一部分。再說，分裂並不是世界給我們的傑作，而是自己的心靈先與小我認同，作出這一選擇後，再來一招「故意遺忘」的套路，向外投射出父母、親友、外人，乃至《奇蹟課程》等等，顯得好似世界帶給我們這些或教導我們如此的。事實絕非如此！外邊沒有人在教我們，那個分崩離析的世界純屬幻相，**是我們教給自己這一套的**。是的，正是神智失常的我們，天天在傳授自己這套瘋狂的思想體系。如今，修正的時機總算來到了，同一個自我會重新教導我們該如何，那就是我們的抉擇者，它不會告訴我們正面的真相，而只教導我們化解負面的選擇。只要我們能放下小我所教的那一套，小我就會銷聲匿跡，最後只剩下愛的記憶，表示我們與愛認同了。一旦進入了真實世界，世間萬象頓時消失了蹤影。

總之，這種學習過程旨在化解過去的錯誤，這意味著我們必須先意識到那些錯誤完全出於自己的選擇——傷害我們的其實並不是自己的父母、老師、宗教或政治領袖，而是我們自作孽地選擇了小我，卻把責任推諉給世界，從世界那兒找出各式各樣虐待我、不愛我、對我不夠體貼，還會懲罰我的證據。事實上，我們從世上學來的那一套，全是我們要求世界如此教我們的。請留意，我並沒有說別人不該為自己的小我負責，我只想點出，別人做了什麼和我心裡的感受是毫不相干的事。

我要再重申一次，若能徹底看清自己是如何餵養並助長個體性與特殊性，又如何把責任怪罪到別人頭上，而讓小我不可告人的私心得逞，對我們的修行必定大有助益。外面沒有一個人或一樣東西能讓自己抓狂、神經錯亂或一病不起，這全是因為心靈先作了一個決定，而後才選擇某種外境，向他人顯示自己的失常實在情有可原：「看看我的童年遭遇、看看命運對我何等殘酷無情……」可以說，究竟是這人或那事害的，並不重要，只要錯不在我就成了；不僅如此，我不是牌桌上的莊家，我光只坐在那兒，**楣運就掉到我頭上了**。其實，那些經歷並非憑空掉下來的，是我們要它發生的，然後故意忘掉自己是幕後密謀的推手。說到這裡，我們豁然明白了聖靈的角色，為何祂成為清明的正念與真理的代表；因為唯有透過這一正念，我們才會意識到，原來此生所有的經歷純屬自作自受。救恩的秘訣即在於此（T-27.VIII.10）。

聖靈轉變我們念頭最得力的教學工具即是寬恕。然而，本課程對世界所下的定義既然獨具一格，它對寬恕的界定必也自成一家之言。

若想徹底扭轉思維，或解除過去誤學來的一切，關鍵就在「寬恕」一詞。然而，所謂寬恕，跟「做什麼」無關，而在於「**不做**」什麼或「**化解**」什麼。同時，重點也不在我們寬恕了誰，而是我們終於改變了自己的看法，明白沒有人需要我的寬恕，我只能寬恕自己。在此，耶穌預告了他推出的獨門寬恕理念與其他法門截然不同——本課程對世界的定義別具一格，與世界對它自己的看法截然相反，因為整個物質宇宙都是虛幻不實的罪咎之念投射出來的，是個不折不扣的幻影；基於如此迥然不同的世界觀，可想而知，《奇蹟課程》化解世界的方法與過程必然也大異其趣。

投射形成知見

第五段

我們眼前的世界，只不過反映出自己內在的思想架構，也就是心中根深柢固的觀念、願望和感受。「投射形成知見」（正文-21章.導言.1:1），……

請注意，這是「**投射**」一詞首度出現。至於「我們眼前的世界」這類的說法，一如「投射」一詞，也反覆出現於《奇蹟課程》全書。但要特別留意，耶穌所說的世界並不是小我眼中的世界，他確確實實就是指**我們**眼中的世界。耶穌並沒有說世界是真實的，只有小我詮釋下的世界才是虛幻的——我相信許多人都期待他會這麼說。然而，《課程》說的恰恰相反：這個充滿分別取捨、有始有終的知見世界，徹頭徹尾的虛幻不實。正因世界如此變幻莫測，怎麼可能出自上主的創造？〈正文〉明明白白地揭示，上主所造的天堂必然永恆不易（請參閱「千古不易的安居之所」（T-29.V）以及「永恆不易的真相」（T-30.VIII）這兩節）；反之，凡是「非上主所造之物」，必然徹底虛無。

這個世界「內在的思想架構」就是分裂，說得更具體一點，這個由時間和空間構成的世界，不過是虛幻的分裂念頭投射出來的結果（空間就這樣形成了），同時也是罪咎懼那套虛妄的思想體系投射出來的結果（過去、現在、未來的線性時間同時出現了）。不論宇宙看起來多麼浩瀚壯觀，幻相終歸幻相，並且始終不離心靈那個源頭。前文已經解釋過，世界存在的動力就是要把分裂變成事實，令我們的個體身分顯得真實無比且不容置疑，如果還能幫我們洗脫罪責，那就再好不過了。

我們先往內看，決定自己想要看見什麼樣的世界，再把那世界投射到外頭，繼而把自己之所見認定為真相。

上面這幾句話，我再重述一遍，首先，我們先往內看，看到了罪的存在，卻不甘為此負責而將這罪投射出去——先是投射到上主頭上，而後投射到世界。我們若隨著小我的目光望去（那根本說不上是看，因為我們所看到的**根本不存在**），就會看到那由分裂罪咎投射出來的上主正在追殺我們，於是，我們不能不為自己辯白：「我們才咬了一口蘋果，還沒吃完呢，上主就抓狂了，害得我們不能不打造一個世界躲起來！」總之，錯不在我！充滿罪咎懼的分裂心靈，便如此這般地投射出一個活靈活現的外在世界。我們繼而撒下一張遺忘之網，讓心內的世界與外在世界永不照面，從此，我們不折不扣成為一具活在物質宇宙中的血肉之軀。

為此之故，眼之所見才會顯得如此真實，再加上我們對它的詮釋，更是一點也假不了。眼前的世界永遠這麼冷酷無情而且危機重重，相形之下，自己是如此的軟弱無助，不堪一擊。嬰兒或幼童期的我們確實脆弱無比，長大之後，搖身一變，成了冷酷無情的成年人，開始去殘害別人。但我們認為這些都是理所當然的，只緣於小時候，大人就是這麼虐待我們的。為此，我們寧可給自己一具軟弱無能而且不堪一擊的身體，再把自己丟進一個既無情又危險的世界，吃盡了苦頭。這些經歷對我們儼然如真，因為我們親眼看到了；然而，為什麼要看到這些景象，只因唯有如此才能成全我們的一個大妄想：既享有獨立自主的我，卻又無需為此負責。如此一來，我們終於如願以償了，一張漫天大網覆蓋了心靈，從此，我們再也想不起自己才是始作俑者。

我們之所以不得不向外打造如此瘋狂的世界，完全是因為我們被小我嚇瘋了，它不斷恐嚇我們，如果往心內瞧，我們必會被那真相嚇死。然而，事實正好相反，我們一旦往內看去，只會對小我如此的荒誕不經而大笑不止，看到了自以為有毀滅天堂能耐的我們，其實就像小小漣漪卻自詡為海洋，一絲微光卻自命是太陽那般瘋狂（T-18.VIII.3:4）。我們只需跟著耶穌一起正視，必會一眼看出其中的荒謬。問題是，我們一點也不想放棄自己的個體性，寧可聽從小我，決定不往心內看，而只往心外瞧，並且相信眼之所見真實無比。

是我們自己對眼前事物的詮釋，才使外界看起來儼然如真。如果我們想用感官的所知所見來為自己的錯誤辯解，例如：忿怒、挑釁的心態，以及缺乏愛心的表現，我們便會看到一個充滿邪惡、毀滅、敵意、嫉妒及絕望的世界。

接下來，有必要澄清一下「肉眼所見」和「知見」的分別。當耶穌說我們會「看到一個充滿邪惡、毀滅、敵意、嫉妒及絕望的世界」時，他並不是指我們的肉眼真的會**看到**這個景象，而是我們的心會**認為**如此。耶穌從不諱言世界「充滿邪惡、毀滅、敵意、嫉妒及絕望」的本質，更別提活在其中的人了。耶穌從未說過人類很善良、很可愛，卻說過「受驚的人會變得非常凶惡」（T-3.I.4:2）。確實如此，知見世界裡的人隨時會變得心狠手辣，但這並不表示人類天生就是魔鬼，該受地獄永罰，或逐出聖子奧體之外；如果真有此可能，世上所有的人早都被踢出去了。事實上，大多數人固然不會做出傷天害理的事，但每個人心中都擺脫不了傷天害理的念頭，只因我們來到人間時，沒有一個不懷著篡奪上主之位的毀滅念頭。為此，耶穌特別點出，是因為我們任由小我操控自己和他人，就這樣**親手**把它的能力弄假成真了。

要知道，夢境裡所感知的事實，和我們對這個事實的詮釋是兩回事。這是至為關鍵的一點。耶穌在〈教師指南〉進一步闡述：

> 沒有人會對一個單純的事實而發怒的，只要記住這一點，對你的幫助一定很大。任何負面的情緒都是你的詮釋勾引出來的，不論你是為了某種狀似事實的現象而氣得理直氣壯。也不論你的怒氣多強或多弱。（M-17.4:1~3）

是的，真正令我們生氣的是自己對某個事件的詮釋。不論某人槍殺了我或強暴我，或下令投彈炸死了百萬人，這些可能都是「事實」，但除非我把此事和自己聯想在一起，否則我是不會生氣的！正因為根據我的詮釋，某人某事必是衝著我或我所關心的人而來的，否則我怎麼可能生氣？請記得，這種分辨能力極其重要。遺憾的是，許多奇蹟學員未能分辨這一點，以至於會說出這類話：「我平常不看電視新聞，因為我不想讓那些烏煙瘴氣或慘不忍睹的邪惡事件污染了我聖潔的心靈。」說這些話的人渾然不知他們的心靈早已污染了，不是因為世間有多少狗屁倒灶的事，也不是因為那些事是否上了新聞版面，只因自己心裡早就把罪與邪惡弄假成真了。《奇蹟課程》對人間的紛紜亂象從不置評，因為它根本不承認世界的存在，全書的焦點始終指向心靈。耶穌語重心長地告訴我們：「世界根本就不存在！這是本課程一直想要傳達的中心思想。」（W-132.6:2~3）既然世界純粹是分裂與罪咎之念投射出來的陰影，耶穌自然無需針對子虛烏有的世界枉費口舌。他不會跟我們一起發癲，而只關切一件事，就是如何幫助我們**從心靈**解除這個四分五裂的世界。〈練習手冊〉說得更露骨：

> 世界是為了攻擊上主而形成的。……世界成了上主無法插足之地……。（W-PII. 三 .2:1,4）

毫無疑問，這種攻擊的念頭是不可能有愛的。我們打造這樣的世界，不只為了驅逐上主及其聖愛，同時更想將所有的人都驅逐於身外；而當愛在我們的攻擊下被驅逐出境了，我們怎麼可能不感到罪孽深重？令人費解的是，我們為何會對人間某些攻擊行為特別反感？而這分明是人類最拿手的本領！可還記得〈練習手冊〉一開始就叮嚀我們留意自己老是想「設例外」的習性。究竟而言，世上每個人其實都自覺罪孽深重，否則他不會來到這個人間。了知自己無罪的人，既不會生起逃離天堂之念，更不會逃離後還企圖毀壞天堂，他必然會留在天堂裡與天父共享天倫之樂。

有了這番體悟之後，我們才敢面對這一事實：每個來到世間的人，心中都懷著小我那套冷酷邪惡的思維。能夠看透這個現實的人必會覺得世界實在是個枯燥乏味的地方，演來演去都是同一個戲碼。唯一有意思的，就是明眼看著自己宛如天才演員一般把小我思想體系演得活靈活現，而我們掩飾這一企圖的種種手法，更是天賦異稟！有朝一日，我們的心靈痊癒了，在那神聖一刻裡，我們和耶穌一起觀賞同樣的新聞節目，即使看到同樣令人髮指的事件，可以確定的是，它們再也擾亂不到內心的平安和愛了。

必須提醒一下，上述的觀點並非針對行為層次而說的。我們依舊可以付諸行動，消弭人間的苦難，比如投身公職，參與請願，也大可寫一本書，或發起某種運動，什麼都可以做，只要發自正念，就不至於憤怒或焦慮。心靈一旦失落了平安，便會失去內在的清明，那麼不論自己相信什麼，看到什麼，或說什麼，都會變得跟你的對頭一樣神智不清。所以說，絕對不要聽信臺上那些憤怒的人們或充滿批判的言論，只因為他們不可能出於正念。雖然生氣並非罪過，但它會扭曲我們的知見。不少人相信憤怒能夠激發出一番事業，這也不無可能，看看小我當初不就是在一怒之下成就了它的「大業」？問題是，憤怒的人做出的事，絕不可能出自愛。試問，那些真的是我們想要的成就嗎？

真正的有所為，就是**無**所為的化解（undo），這就有賴於奇蹟了，而奇蹟又得憑藉聖靈的愛。一肚子氣去處理世間的事務，怎麼可能會有奇蹟！奇蹟要改變的是自己的心念。外在一切的問題全都在影射普世想要隱藏的唯一問題，也就是我們在面對小我和聖靈的那一刻誤選了小我。全人類只有這一個問題，而「充滿邪惡、毀滅、敵意、嫉妒及絕望的世界」就是那唯一問題所必然衍生的結果。如果我們對世界採取行動，只會把它變得更加真實，這不就等於聲明當初心靈選擇小我是個正確的決定嗎？果真如此，聖靈豈不反倒淪為幻相了？因為小我與聖靈是「**非此即彼**」，無法兩全的。

總而言之，我們為了完成小我想要獨立自主的私心，卻要別人來扛此罪責，才會「用感官的所知所見來為自己的錯誤辯解」，如此一來，又將我們打回到當初選擇小我而放棄聖靈那個原始錯誤了。要知道，「忿怒、挑釁的心態，以及缺乏愛心的表現」莫不源自於此。我們只要一投射罪咎，必會看到邪惡、狡詐以及罪惡近在身邊，而這正是我們想要看到的；唯其如此，我們才能理直氣壯地發動攻擊，大肆批判。因此，只需稍為留意一下自己動了什麼念頭，心裡有何感覺，就知道自己已經選擇了哪位老師。每當我們看電視新聞，讀報章雜誌，或者只是日常社交，不論心裡生起微微的不悅或者勃然大怒，全都成了我們選擇小我的明證。同理，我們控訴別人殘忍或邪惡，就無異於賦予他們操控自己的能力，要當心，此時猶如紅燈亮起，該警覺自己已經淪為一丘之貉了。

只要活在小我的世界裡，自然滿眼盡是無情與邪惡的景象，而我們真正要修的，即是不容它們奪走自己心內的上主之愛。唯有如此，我們才能真正敞開心胸，擁抱世上每一個人，不論他是加害者或受害者，是暴虐的上層領導或受害的下層百姓，因為我們早已明白，兩者並無不同。聖子奧體若非全體清明正常，便是全體瘋狂失常，**非此即彼**，沒有程度輕重之分。回想一下本篇的導言，一開場就點出這個至高的原則：在神智清明與瘋狂失常之間，是沒有中間地帶的。難怪〈練習手冊〉開始訓練我們起心動念時，會再三強調「**不要自定例外**」！當然，在有形的層次，我們不可能涵括所有的人，但只要下定決心，有朝一日，我們的心靈遲早會不帶批判，不再詛咒，而包容整個世界的。

寬　恕

我們必須學習寬恕這一切，……

縱然外面好似有「一個充滿邪惡、毀滅、敵意、嫉妒及絕望的世界」，然而，我們所見的種種，無一不是有待寬恕的對象。耶穌並非在說一個抽象的世界，而是直指我們心目中那些有形有相的邪惡、奸險且以害人為樂之輩，或者令我們嫉妒絕望之人。接下來，他開始教導我們寬恕的真正含意。

……這不是因為我們是「好人」或有「愛心」，而是因為我們所見的那一切沒有一個是真的。

在〈頌禱〉一文中，耶穌把出於同情與善意的寬恕稱為「**毀滅性的寬恕**」（S-2.I,II）；並且強調唯有認清「自己看到的一切都不是真的」才算是真寬恕。若由形而上的「層次一」來講，凡是眼之所見，純屬子虛烏有，並非實存。只不過，耶穌在此說的不是這一層次，他是針對我們這群自認為獨立自主之人而發的。他告訴活在「層次二」的我們，倘若指控「外面」有某種操控我們的惡勢力，那根本是誣陷。上述短短幾句話就將我們由形上理念領進實修的領域。從知見的角度來看，世人確實可能奸險又無情，然而，我們仍應不斷提醒自己：「這和我有何關係？」可還記得先前引用過的這一段話：

> 你一旦認清了那原是你自己作的夢，不論夢中角色顯得何等可恨或何等兇暴，都再也影響不到你了。（T-27.VIII.10:6）

再重申一次，外在事件之所以影響得了自己，只因我心目中已經將它弄假成真了。事實上，世上沒有一物能夠奪走我的平安，**絕對沒有**！這是千真萬確的事實。有心實修的學員，務必隨時留意自己是怎麼把那種能力賦予世上一事一物的。說到底，連一隻蚊子都可能讓我們心煩意亂，遑論一國元首挑起戰爭所激起的憤慨和恐慌了！不論那事看起來如何嚴重，或僅僅是雞毛蒜皮之事，只要我們會為它生氣或不安，表示我們已把自己和那隻蚊子、那國元首或家人同事等等，視為兩個互不相干的生命，一下子又將自己打回「我決定與上主之愛分手，繼而把此『罪』投射到他人身上」那套老戲碼了。要之，我們在人間的所知所見，不過是心底那個願望投射出來的具體事件罷了（T-24.VII.8:8~10），這是我們不可告人的秘密，又因著刻意去隱藏掩飾，久而久之，連自己也忘了它的存在。

既是扭曲的防衛機制曲解了世界，才使我們看到根本不存在的事物；……

自從和上主聖愛決裂以後，我不僅自責，還定了自己的罪，自知罪孽深重而且必遭天譴，因此不能不把這罪咎投射出去，於是我才會在外面看到一個隨時在打擊、背叛和遺棄自己的世界。就這樣，一旦將眼之所見當真，我便能為自己掛上一副純潔無罪的面孔：「看看這世界是如何對待我的，我當然有權利好好保護自己。」（T-31.V.2~3）說到究竟，我不能沒有這套防衛機制，因為我心中早已認定老天不會放過我。接下來，這種扭曲的防衛心態逐漸為我塑造出一個扭曲的形象，也就是「邪魔、黑暗與罪惡的淵藪」那種形象（W-93.1:1），然而，這絕對不是真正的我，問題是，我那原本光明喜悅與平安的真實自性早已密密實實地覆蓋在小我的自我概念之下了（W-93）。更麻煩的是，我為了保全這個自我，不惜將這個扭曲的形象投射到別人身上，要他們為我的痛苦負責。一如前文所形容的，好似一道帳幔覆蓋心上，令我忘了**自己**才是一切問題的始作俑者。從此，再也看不見**自己**所做的那個邪惡、陰暗又罪過的決定，反而在你身上或周遭的世界處處看到它的蹤影。由於我早已看不清「外在景象」與「被我弄假成真的念頭」兩者之間的因果關係，當然會理直氣壯地反擊回去。這就是耶穌所說的，不寬恕之念會「保護它所投射之物」（W-PII.一.2:3）。我既然認為你罪不可赦，必定會找一堆人來跟我一鼻孔出氣，如此，我就更不可能記得這一切原是出於自己的投射。換句話說，只要我能在別人身上看到罪的證據，自己心內那個不寬恕的念頭就可以高枕無憂了。

耶穌在此說我們「看到根本不存在的事物」，並非要我們否定肉眼之見，或否定自己和他人的感受，更非暗示我們無需理睬身心的需求；他其實是要我們否決自己在「他人不仁不義之舉」和「自己心安與否」之間加上的那一道連結，因為這麼一來，就表示我們已經附和了「投射形成知見」的運作機制。不論我們是才操練〈練習手冊〉一年的新手或已經研習了一輩子的老生，耶穌同樣要求我們將所有的人一視同仁，不再容許任何人的言行舉止奪走自己內心的平安。這才算是真正在修練奇蹟。

每一次，我們內心失去了平安而感受不到聖子奧體的一體本質時，就表示我們已經選擇了小我。這個「一體本質」，並不是指那種故作神秘的一體感，而是明白我們都處在同一苦海，自然而然便會同舟共濟。為此之故，耶穌勸誡我們切莫對眼前的世界掉以輕心，這也正是〈正文〉「聖靈的課程」那一節第三項「只為上主及其天國而儆醒」（T-6.V.三）之真義，這一單元特別強調，如果想恢復天堂的記憶，務必對小我時時刻刻提高警覺。因此，我們要細察日常生活瑣碎的事物，小自高速公路上開車，大至攸關生死的決定，不論是在職場或家中，隨時觀察自己的反應；只需如此誠實觀照，不加上任何判斷或評估，即是修行。我敢說，在一千次中，有九百九十九次我們都認定外在人事物確有攪亂自己平安的能耐，就是它們「害得」自己焦慮、生氣、消沉、恐懼，或者快樂、興奮、痛苦。這種時候，千萬不要批評自己，只要記得此生只有一個目的，就是跟隨新的老師，學習新的眼光，重新面對此生所有的經歷，如此就成了。

總之，《奇蹟課程》一再重申的主旨，即是要我們把注意力從世界轉回心靈，不再把焦點落在自己和他人的形體上。當然，凡事起頭難，只因我們連自己有個心靈都意識不到，因此，才更需要一位老師以及一部課程，不厭其煩再三重複相同的教誨，直到我們甘願以新的眼光去看待身邊的種種關係及處境，並且還能一眼看穿所有的一切全是心靈某個決定投射出來的幻影而已。

那麼，也唯有學會認清自己知見上的錯誤，我們才能超越它們或「寬恕」它們，……

耶穌特別把「寬恕」一詞加上引號，因為他要重新界定**寬**

恕的內涵——超越知見上的錯誤。《課程》常常用到「**超越**」（beyond）這個字眼，要我們把眼光越過或略過小我，但這並不表示我們從此就看不見小我。我們仍然看得見錯誤，只因最初看不清它的廬山真面目，才會隨著它的特殊性起舞，我們遲早會認出這個錯誤而回歸心靈，請求耶穌幫助我們以不同的目光重新去看；就這樣，我們觀看的焦點已經從外界事物移開，回到作抉擇的那一部分心靈了。這時，我們便會恍然大悟，所謂「知見上的錯誤」，並不是指眼睛看到或耳朵聽到什麼，而是我們賦予了感官之見奪走內心平安的力量。比方說，五分鐘以前我還挺高興的，直到你踏入我的房門，或打電話給我，或讀了你的信件，或打開電視新聞，好似晴天霹靂，害得原本好端端的我備受打擊，陷入絕望，甚至不想活了。顯然的，我的情緒反應完全是被一個子虛烏有的聯想勾出來的，為什麼根本不存在的事物能夠左右我的心情？我明知人間沒有一物左右得了我，只因沒有一物侵犯得了心靈。話說回來，這種洞見得之不易，有待相當的修練、投入及儆醒，只因我們打造出來的世界與身體處處向我們輸送負面訊息，企圖陷我們於「失心狀態」，還進一步將自己的痛苦歸罪到他人身上。

集中華民族智慧之大成的《易經》，常提到無怨無尤的「無咎」智慧。反觀人間，卻是**處處**都可怨可尤。可以說，從誕生為愛哭的嬰兒開始，我們無日不在怨尤之中。這洩露了人心的一個秘密，它存心要受世界迫害，唯其如此，才有充分理由怪罪外界的一切；也唯其如此，我們才能理直氣壯地築起防衛措施，抵制外力侵入。我們太容易受知見矇騙了，要知道，知見存在的目的，正是為了證明自己「受到不公待遇」。耶穌在「罪咎的魅力」那一節描述小我是怎麼訓練一隻戰慄恐懼的餓犬，如饑似渴地搜尋罪咎的蹤跡，然後拖回給主人大快朵頤（T-19.IV.一.(1).12~15）。確切說來，我們就是那隻窮凶極惡的瘋狗，隨時準備撲向他人，他若是我的所愛，我便將他一口吞下；他若是我之所恨，我便除之而後快。是的，我們必須承認自己內在確實有個東西不斷向外派遣兇狠的使者，而我們對罪咎的癮頭也催迫著自己拼命在他人身上搜捕罪證，因為這正是小我的脫罪之途，也是小我的救恩之道。

我們務必謹記耶穌要我們「以寬恕的眼光越過小我」之深意，他絕不是在教導我們對自己或他人的小我視而不見，相反的，他要我們好好正視小我，直到心中豁然開朗生出會心一笑為止。這一笑，足以修正我們先前對小我嚴陣以待的錯誤心態。想當初，我們不只把那一念當真，還相信它已經改變了自己或他人的真相。這一笑，道出了我們只不過犯了一個可笑的錯誤而已。這才是耶穌要我們和他一起去看的真義所在。耶穌臉上就常常「掛著這種笑容」，〈正文〉對這微笑有一段很美的描述：

聖靈看得見真正的起因，祂只會輕輕一笑，毫不在意那些後果。除此之外，祂還能如何為存心罔顧起因的

> 你修正這一錯誤？祂要你把每一個可怕的後果都帶到祂面前，與祂一起看看那可笑的起因，再與祂會心一笑即可。你最愛評判後果，祂只評判問題的起因。祂的評判能為你解除一切後果。你也許會垂淚而來，但一聽見祂說：「我的弟兄，上主的聖子，看看你這無聊的夢吧！這一切只可能發生於夢中。」你就會破涕為笑，並且與弟兄和祂一起笑著走出那神聖的一刻。（T-27.VIII.9）

這一微笑毫無嘲弄之意，它好似向我們說：「不必小題大做。」身在夢境裡，一切顯得事態嚴重；然而，在夢境之外的心靈早已痊癒，絲毫不受世界的侵擾。為此，當我們與耶穌一起去看時，小我那座堅實無比的罪咎高牆便坍塌消融了，只剩下一片薄紗，再也遮蔽不了陽光的照耀（T-18.IX.5;T-22.III.3~5）。這就是「越過小我去看小我」的方式，〈練習手冊〉直接把這種轉化小我眼中的「人生慘境」之心態界定為「奇蹟」。

> 它只是一邊面對人生慘境，一邊提醒人心：它所看到的景象全都虛妄不實。（W-PII. 十三 .1:3）

不消說，我們總得先懂得如何正視，才可能看清小我的裝腔作勢！大家是否注意到，耶穌並未叫我們著眼於愛與美好的一面，而是面對「慘境」。他要我們學習對眼前虛妄不實的幻境微微一笑，徹底明白自己所見的一切全屬虛妄，而這個救贖之念便足以療癒一切了。

同時寬恕了自己。

這句話反映出本課程的一個重要觀念：當我寬恕你時，我其實是在寬恕我自己，因為上主只有一個聖子。我寬恕你的這件事反映出我尚未寬恕自己的某一部分——我私下對你緊抓不放的怨尤，透露出我仍無法放過自己的地方；而我心中對你的批判，也影射了自己已把內在的罪咎投射到你身上。如果我能夠越過你的罪咎去看你（這意味著我仍會看到你的罪咎，卻已經知道如何求助耶穌，改換自己的眼光了），如此，我便能夠以同一個心態來看待自己的問題，只因我們的罪咎全是同一回事。即使我們目前還無法完全認同《課程》的形上理論（例如「外面沒有別人」那種驚世駭俗的說法），並不妨礙我們的修持，因為那種絕對的領悟，必須等到旅程的終點才會出現。目前我們只需明瞭，自己對他人的控訴不過影射出我們對自己的控訴，如此就夠了。依此類推，當我們因忿恨或批判而把某人排除於聖子奧體之外時，其實也把自己一併驅逐在外了，因為上主只有一個聖子。

諸位請務必記得，《課程》對**天堂**的定義乃是「對一體生命的圓滿覺悟」（T-18.VI.1:5~6）。即使在人間夢境，也可能反映出一體真相。這意味著上主之子不只在靈性層次是同一基督，在分裂心靈的層次也仍然具有同一基督生命。換句話說，我們一起落入神智失常之境，一起聽信了小我要我們從天堂遠走高飛的「上上策」，而甘心寄居在「腐臭的身體牢獄」裡（T-26.I.8:3）。這不是瘋了，還會是什麼！舉凡相信自己是這具身體的人，不論是聖人或罪人，都**一樣**瘋狂，才會把這一具身體當真，期待身體層次的互動會讓自己好過一點，或努力把世界改良為更適合人類居住的地方。想一想，我們怎麼可能把世界或身體改造成更佳居所？當初，我們就是決定放棄「更佳居所」而出走的！為此，我們只有一事可做，便是打道回府，不再枉費心力去改造幻境，因為那樣只會把世界弄假成真，反而助長小我的勢力。

同時寬恕了自己。我們的眼光便如此越過自己心中扭曲的自我概念而看到上主在我們內所造的真我，亦即自性（Self）。

「自性」只有一個；因此，我們只要排斥一個人（別說上百萬人了），便足夠為罪咎保留一席之地。在柯爾律治的經典詩作《古舟子詠》〔譯註〕，一名老水手射殺了圍在船邊的信天翁，後來船隊遭遇海難，人心惶惶，全體海員抓那老名水手當代罪羔羊，將信天翁屍體掛在他頸脖上，以示懲罰。如果我們堅持不願寬恕某一個凌辱我們或殘害其他民族的人，便與那群水手無異，強化了人間分裂的現實。為此，耶穌在〈正文〉最

〔譯註〕柯爾律治（Samuel Taylor Coleridge, 1772~1834）英國浪漫主義詩人、文評家。敘事詩《古舟子詠》（*The Rime of the Ancient Mariner*），描寫在海上的一個老水手違反生命法則，隨意射殺一隻信天翁所遭到的懲罰與懺悔。

後如此描述他慧見中的光明結局：

> ……再也沒有一點黑暗遮蔽得了基督的聖容。（T-31.VIII.12:5）

是的，只要有一個人被排擠於聖子奧體之外，所有的人便一併被驅逐於外，包括了自己和耶穌在內。問題是，我們絲毫意識不到自己正在作繭自縛，直到有一天開始正視自己的特殊關係，才終於明白世上沒有一個人能讓自己更幸福或更不幸福，從而甘願放下人間所有的怨尤。至此，我們的心就開始安了，表示我們已經準備好接受《奇蹟課程》的寬恕真理了。

特殊關係

接下來的兩段，開始切入小我思想體系的核心——特殊關係。在此之前，不妨回顧一下心靈的前一段歷程：我們的生命始於天堂，原本完美一體，而後經歷了分裂，與真知背道而馳，造出一個可知可感的世界，最後落入夢境。我們也討論過心靈的分裂思想體系是如何投射成這種知見世界，又如何在我們的特殊關係中演得活靈活現的。如今，我們已經準備好一探這套思想體系的究竟了。

第六段

所謂罪，即是「缺少愛心」（正文-1章.肆.3:1）。既然愛才是最終的一切，罪在聖靈的眼中，只是有待修正的一個錯誤而已，並非必遭天譴的邪惡。

我曾把這篇序言比擬為預告樂章主旋律的前奏曲，它一開始就為我們點出奇蹟的一個重要觀念：罪惡必會遭受懲罰，錯誤只待修正（T-19.II,III）。平心而論，當我控訴某人不仁不義時，我是笑不出來的；只有小我才會暗中竊喜，因為它終於逮到了罪魁禍首。為此，我需要一位新老師教導我如何一笑置之，不再把攻擊的表相當作一回事。唯有如此，我才可能領悟人間的暴行是來自罪咎與恐懼的思想體系，我和世上所有人都身在其中，而且難辭其咎。有了這一慧見，我對別人的恐懼和痛楚才能夠感同身受，也才伸得出溫柔的寬恕之手，因為我眼中那本該受罰的罪已經「降格」為一個有待寬恕的錯誤了。反之，如果我不甘放過而任那罪惡窩藏於心中，我絕對是溫柔不起來的。

正因如此，我們務必隨時提醒自己，我怎麼看待自己，就會怎麼看待世界。由此類推，我若不改變對自己的看法，就不可能改變我對世界的看法。為此，好好正視世界，以及我們如何跟它互動之心態，是如此的重要。唯有將自己的反應帶到耶穌那兒，方能領悟他所說的：外在世界「是描述你內心狀態的外在表相」（T-21.in.l:5）；他在後面又補充了一句：知見「只是賦予你的願望一個有形圖像或具體形相，使你的夢想儼然如真」（T-24.VII.8:10）。深刻了解這一道理後，我們才知道如何把世界轉變為正見的工具，讓它反照出自己究竟投射了什麼，因而得以收回投射，藉之回歸正道。只要行之日久，自然熟能生巧，再回頭反觀世界時，聖靈之見就會歷歷在目——世人的一切行為和決定，若非愛的流露，就是對愛的呼求；無論是哪一種，我們都會報之以愛，絲毫不為他人的外在表現所動搖。這樣的寬恕過程，一定能幫助我們解除自己存心嫁禍他人的心理重擔，由是，幸福的樞紐便從外境轉移到心內了。

我們內心的自慚形穢、欲振乏力及充滿缺憾之感，乃是基於我們堅信那操縱整個幻相世界的「匱乏原則」。

我在前文曾經提過，匱乏的觀念雖然貫穿了整部課程，但「匱乏原則」一詞僅在這篇序言出現過一次。現在，我們就來深入談談「匱乏原則」的內涵：自從我驅逐了聖愛以及真實自性而與上主宣告分裂後，內心出現了一個永遠填不滿的洞，為了彌補這個缺憾，我一輩子不能不向外盜取；而既然失落的是愛，我必會設法盜取他人的愛。不妨反身看看自己，打從小小年紀就懂得如何玩弄、操控、博取他人的憐愛，如何吸引別人的眼光來滿足自己的需求；渴望別人對自己忠實體貼，最好隨傳隨到。顯然，我關注的並非他本人，而只在乎對方是否能夠盡責地滿足我，或將我的痛苦降到最低程度。

可以說，人類的這種匱乏之苦，簡直到了刻骨銘心的地步。我們朝思暮想的都是如何填補這個洞，卻永遠無法如願以償；只因這個充滿內疚的黑洞，會把真愛吞噬得無影無蹤。近年來天文學家發現宇宙的「黑洞」，絕非偶然，它影射的正是小我無論如何都填不滿的那個無底洞。苦不堪言的我們，只好前仆後繼地追逐特殊關係，而且永不饜足。就像身體對食物、水及氧氣的需求一樣，永遠無法得到滿足。舉目四顧，世上根本沒有一人能夠逃脫這個命運，因為世界存在的初衷，就是讓我們的需求始終不得滿足；而這一具永遠都處在身心匱乏狀態的肉體，就成了匱乏世界最佳的寫照。身體永遠都在設法填補自己，好像一張大嘴，只懂得吞食並且不惜趕盡殺絕，想一想，這和宇宙那深不見底的黑洞又有何分別？不論怎麼填補，只有一時之效，令人永遠感到缺憾，而且欲振乏力，不能不更加努力地照料這具身體。追根究柢，人間所有的癮頭都是如此形成的。不消說，這正是小我最為樂見之事，因為當人們終日只想填補這個空虛之際，那始終存在人心內的「圓滿」就被覆蓋住了。直到有一天，我們學會認同那個圓滿（也就是基督自性），方才不再把任何人視為外人或異類——你我縱然表面上大不相同，但內涵完全一樣，都是基督的一部分，也都屬於分裂的上主之子。

最後我要再強調一點，耶穌說我們「堅信那……匱乏原則」，他完全一語中的，因為我們確實卯盡全力維護那推動世界運轉的匱乏感。只要放眼看看世界，沒有一物不在忙著彌補所缺。由此，不難理解我們為什麼寧願活在痛苦或不幸中了；再苦，至少是「我」在受苦，沒有比這個「我」更重要的投資了，即使活得很慘，但至少顯示了「我」存在！為了證明自己存在，我們甘心付出任何痛苦的代價，這豈不是匪夷所思，甚至心理變態嗎？當然，小我不忘施個小惠，用苦來幫我們脫罪；這個苦證明了世界的殘酷，也證明了一切都不是自己的錯。試看，我們最喜歡向人顯示一幅被害的圖像：「看看你幹的好事！你竟然如此謀害、羞辱、背叛我！」世人固然會做出令人髮指之事，但別忘了，我們下意識其實非常享受每一刻的苦，因為這個苦替我保證了其他人必會因我而付出代價。耶穌甚至說，我們不惜一死也要說出這一句話：「看看我吧，弟兄！我是死在你手中的。」（T-27.I.4:6）

為此，我們必會設法從他人身上追討自己想要的東西，於是我們會為了得到某些東西而「愛」人；

透過愛情、性交、親情、友誼或偶像這類管道，我一直以為失落了的愛，終於在你身上找到了；只要滿足得了小我渴望的關注，何必在乎什麼形式。我愛你，只因我能從你身上獲得某些東西，為此，我不能不使出一些特殊的手腕。既然我必須為自己的收穫付出代價，理所當然要精打細算。每當人們初次碰面，不論意識到與否，都免不了相互打量一番，忖度著：「怎樣才能讓這人喜歡我，雇用我，給我高分，甚或跟我結婚？」先盤算對方所需，然後投其所好；有趣的是對方同樣也在打量、盤算，真可謂「投桃報李」。特殊關係的交易說穿了雖然很醜陋，充滿欺瞞與痛苦，但它至少能夠滿足我們一時所需。不僅如此，它還能如願以償地把真愛擋在了外面，因為真愛本來俱足，不可能建立在需求之上。它具有推恩的本質，足以涵容所有的人，而且它所採取的形式會根據個人真正的需要而隨順緣分。在形式層面，人間的愛原本就形形色色，但我們需要著眼的是它「無所不包」的內涵。

那正是夢幻世界標榜的愛，世上沒有比這個更嚴重的錯誤了，因為愛是不可能要求任何代價的。

這句話影射出「需求」的概念。放眼望去，世上沒有一個生命是無所需求的。人類的最終需求就是保護自己的個體性，然後將這個罪責推到別人身上，這正是所有特殊關係的交易底線。我跟對方討價還價的目的，其實不是要對方滿足我的需求，反之，我會暗中設法讓對方無法滿足我的需求。如此一來，我才能把他拖入小我的彌天大謊裡，而且，我還能高舉著對方的罪過，昭告天下，甚至向上主告狀。這就不難明白，為什麼我總是被別人辜負背叛了，因為唯有如此，再也沒有人能夠反駁「我是無辜的受害者」這個事實了。根據「非你即我，非此即彼」的原則，他們立即被我打入天地不容的罪人行列。說得更露骨一點，我受到的打擊愈大，活得愈慘，我獲得小我奧斯卡金像獎的機率就愈高。說實話，我們都是最佳男女主角，演得愈苦愈起勁兒。受苦受難的畫面雖然灰頭土臉、狼狽不堪，但它最能滿足我們的欲望，既保住這一個別又特殊的自我，還讓別人為這罪過付出代價，沒有比這更高明的計謀了！可以說，世間的芸芸眾生就是為了完成小我這一瘋狂陰謀而造出來的。

小我一開始就警告我們，我們從分裂偷來的個別自我，本身就是一個罪證。它隨即面授我們一套脫身大計：「你只要俯伏在我的祭壇前，發誓效忠於我就會沒事。」小我不但設法幫我們保住自己偷來的個別身分，同時又洗刷了這個罪名。這個繽紛複雜的世界就是為此而造的，它為我們提供了幾近無限的對象，供我們投射罪咎，如此我們才能說：「我存在，但我無罪！」因為所有的罪都跑到別人身上了。這正是特殊關係最冷酷的一面，也是小我最糟糕的「合一」伎倆。當然，這篇有限的序言不可能說得這麼透徹，它只能點到為止。總而言之，每當我們認為自己充滿愛心之際，其實是在行偷盜與吞併之實，這種伎倆就跟我們當初對付上主的招數如出一轍。下一段緊接著說明身體不可能合一的道理，〈正文〉也說過同樣的話：「心靈原是一體不分的，身體則不然。」（T-18.VI.3:1）

第七段

只有心與心之間才有真正的結合，「上主所結合的，沒有人能夠拆散」（正文-17章.參.7:3）。

引言的後半句直接引用〈馬太福音〉那句眾所周知的名言

（19：6），天主教就是根據這一句話而判定離婚是有罪的。《奇蹟課程》卻賦予完全不同的含意，與教會的觀點大相逕庭，它毫不重視外在形式，只著眼這一內涵：在上主內，我們不只是一體聖子，而且與上主一體不分；這一體生命既是上主的旨意，小我豈有分化它的能耐，最多只能在幻想中玩玩分裂的把戲，絲毫影響不了生命的實相。

然而，真正的合一只存於「基督心」那一層次，正因如此，你是不可能失落它的。

真正的一體生命只能存於天堂內，亦即基督天心所在的靈性境界；人間最多也只能活出一體的倒影，也就是徹底明白我們全都結合於同樣的福祉與同樣的需求之中。從修行的角度來講，如果能看清我們全都活在同一套寬恕和同一套仇恨的思想體系內，我們會進步得更快。不過，我在前文已經提醒過，可別因這類語句而否定了身體的需求，企圖在人間活出光輝燦爛的大愛。

「小我」則企圖假借外在的肯定、外在的資產及外在的「愛」來自抬身價。

順便一提，用little I（小小的我）來指稱小我（ego），在整部課程中，唯獨出現於此。

現在來看「外在」一詞，在短短一句話中連續出現了三次，顯然是這句話的關鍵字，指的是自己的形體，還有眼前的他人，尤其是愛恨交織的特殊對象。活在匱乏原則下的我們，早已判定自己什麼也不是，為了壯大這渺小無用的自己，不得不使出渾身解數來爭取別人的肯定及愛慕，一心一意想要更多、更大、更好，來彌補自己心裡的空虛。當然，擁有資產本身無可厚非，但我們若覺得擁有它們便洋洋得意，少了它們便垂頭喪氣，就表示小我已經當家作主了。可以理解的，世人都難免會想：「我若爭取到更高的職位，或擁有更亮眼的汽車、房子或家庭，自己就身價不凡了。」小心，「更大更好」正是小我最熱中的把戲，不論那是什麼東西。因此，每當我們覺得外在某物能改善自我感覺時，請留意，小我又在補償那自知渺小無能又無價值的「小小之我」了。我們甚至會異想天開，最好無需改變自己，只要抓住外在某個東西，小小的我就會變成「大大的我」了。不妨回顧一下自己的成長過程，每個人都得透過種種人際關係才會成長，我們若只知盜取，便會掉入小我特殊性的巢穴裡，最後的下場勢必很慘，因為我們自知罪孽深重，必定會咎由自取的。

上主所創造的真我或自性則一無所需，它永遠圓滿、安全、心中有愛而且深深被愛著。它一心只願分享，無意奪取；只知推恩，而非投射；它一無所需，只願與那已意識到彼此的富裕之人結合為一。

上面的引文裡，請特別注意一無所需的「需」字。我們若能活出上主所創造的自己，必然一無所需；然而，一旦落入人間，我們就有一堆填不滿的需求。可以說，我們投胎人間，就是想要經歷匱乏的。但我們既然不會為自己的呼吸或吃喝而內疚，也大可不必為盜取他人而自責，因為兩者根本是同一回事。我當然不是要大家開始為呼吸空氣而內疚，我只是說，我們若不為呼吸而內疚，自然也無需為吞噬他人的生命來滿足自己的特殊需求而內疚了。身為小我，不可能不吞噬其他生命的，因為小我本來就是一張深不見底的大嘴巴。我們只需對它有所警覺就夠了，無需否認這一現實，但也別再為它找藉口或將它靈性化了。只要跟隨耶穌一起去看，便會把小我瘋狂的本質及源頭看得一清二楚。更重要的是，我們徹底看透了小我這套思想體系只是死路一條，才會心甘情願放下它。再提醒一次，那個匱乏的黑洞是永遠填不滿的，因為唯有上主聖愛方能滿足我們。

第八段

世間的特殊關係常是自私、幼稚、自我中心，甚至含有毀滅性的。

「自私、幼稚、自我中心」這幾個刺眼的形容詞，幾乎道盡了天下人的基本心態。然而，無可否認的，我們確實只關心自己，只在意自己的需求是否滿足。誰能滿足這些需求，我就對誰好；對方一旦無法滿足自己，我會不假思索把他拋到一邊去，反正「隨時都能造出另一位」偶像（W-170.8:7）；

我們就是這樣「編織出一連串得不償失的特殊關係」（T-15.VII.4:6）。最後，也別忘了，儘管人間的關係充滿了怨尤，耶穌並不期待我們放棄它或改良它，他僅僅要求我們不懷任何批判地正視這個現實。下面一段會進一步教導我們如何面對、如何正視。

神聖關係

為了化解特殊關係的痛苦，耶穌提出神聖關係這一帖解藥。請記住，正如我們講述特殊關係時純粹著眼於自己與小我思想體系的勾結，此刻要談的神聖關係也是如此，強調我們自己跟聖靈的連結，而不是我們跟任何一個人的關係。比如說，我想要吞併你這一企圖，不過反射出我的心靈選擇小我所作的決定；同理，我之所以能夠寬恕你，反映的也是自己選擇聖靈的那一決定，而聖靈的「共同福祉」原則又反映出上主的一體生命。只不過，我們的理解如果有所偏差，就會掉入形形色色的特殊性泥沼而渾然不覺，還誤認為自己締造了一段美妙而神聖的關係！

儘管如此，只要交託給聖靈，這些關係仍能轉變為人間最神聖之物，也就是奇蹟，為人指出回歸天國之路。

〈正文〉「祂們已經來臨」那一節有一句經典之言：「人

間再沒有比『千古宿怨化為眼前之愛』更神聖的地方了。」（T-26.IX.6:1）那個「神聖的地方」當然不在外面，而是心靈決定回家的那個選擇，這一決定讓小我的千古宿怨頓時化為眼前的真愛。這種愛會很自然地流露在我們的人際關係中，由於它是真愛流露的一種形式，並非愛的本身，故仍屬幻相。《奇蹟課程》將這個轉化或修正過程稱為奇蹟，這也是「序言」首次提到奇蹟的概念。

由此可知，奇蹟並非指兩個人關係上的轉變，而是心靈與它的導師之間的關係，這個新關係會賦予我們人際關係一種新的目的。以前的特殊關係只有一個目的，就是把一具一具血跡斑斑的身體拖到小我祭壇前，充當代罪羔羊，祭上他們的罪過來換取自己的無辜。終有一天，我們看透了這一招根本不管用，才甘願轉換目標，不再把人際關係當作戰場，還故意敗在對方手下，令他們承擔罪名。反之，我們開始聽從另一位導師，把眼前的關係轉化為自己的課堂，從我與他人的特殊關係看出自己與小我的特殊關係，如此，我們才有機會把目標由小我的定罪轉換為聖靈的寬恕。

世俗常利用人間的特殊關係作為排除異己及自立門戶的秘密武器，

在「排除異己及自立門戶」之外，我們不妨追加一項「而且證明自己無罪」。請看看，我會排斥你，因為你是壞蛋，而我所受的傷害又證明了我們確實是兩個不同的生命。我原本仁慈善良，今天會表現得這麼無情，都是你造成的；你若不侵犯我，我當然願意與你合一。但也請小心，不論生活上的細故（比如忘了倒垃圾），或者國際間的爭端（比如發動戰爭或虐殺兒童），凡是違背了我的信念，對我都是一種侵犯。

聖靈卻能將它們轉化為學習寬恕及由夢境覺醒的最佳教材。

耶穌在〈正文〉多次強調過，聖靈無意奪走我們的特殊關係，祂只會加以轉化，改變原有的目的，如此而已（T-15.V.5;T-17.IV.2:3;T-18.II.6~7）。言下之意，聖靈什麼也沒做，因為改換目的的其實是我們。只因《奇蹟課程》不能不用我們所能了解的二元詞彙，才把聖靈描述得一副大有作為的模樣；究竟說來，祂跟上主一樣，僅僅純然「如是」。祂的聖愛好似一座燈塔，默默放光，等著我們將自己打造的陰森幻相帶入祂的光明。幸好，那令人痛不欲生的咎，遲早會逼得我們從心底喊出：「必然還有另一條路才對！」這才是我們人生的轉捩點。

每一個關係〔特殊關係〕**都為人提供了療癒知見和修正錯誤的機緣，每一個關係也成了寬恕別人因而寬恕了自己的機會，每一個關係都成了歡迎聖靈以及憶起上主的邀請函。**

我們一旦轉向耶穌，自然會從他那兒學到新的眼光，我們終於了解，那讓自己吃盡苦頭的特殊關係，原來只是內在心境向外的投影罷了，反映出自己企圖自立門戶卻又想嫁禍於人的陰謀。唯有看透這一私心，我們才可能從心裡說出：「我再也不想玩這遊戲了！」原有的關係當下便聖化了。正因它的目標已然不同，才不會令雙方陷入更深的人生夢境，反而將我們領上覺醒之路。原本為了分裂、罪咎以及怪罪他人而編織的夢境，如今，在這新的目標之下，呈現給我們的真相是：對方根本做不出任何能夠騷擾自己平安的事，縱然他可能不自覺地做了什麼無情無義之事，但這又跟我有什麼關係！自己心內那首清晰而喜樂的愛之頌歌，豈會因為別人說了什麼或做了什麼而被打斷？（T-26.V.5:4）既然別人外在的罪行沒有左右我們的能力，表示我唯一需要寬恕的是自己竟然賦予外在那種能力。總歸一句，我要寬恕的不是某個特殊人物，而是我自己。

唯有等到我們和海倫、比爾那樣從心底喊出「一定還有另一條路才對」這一句話，才算真正向聖靈發出了邀請。就在特殊關係之苦令我忍無可忍之際，自己才會意識到，選擇小我的代價實在太高也太苦了，那時，我才可能回頭懇求自己的抉擇者：「重新選擇吧！」所謂「另一條路」，當然就是選擇聖靈。唯有如此，我們才可能憶起自己的生命實相，知道自己是圓滿無缺的上主之子，所有的人也在這圓滿之境獲得終極的療癒，因為我們原是同一生命。一如〈練習手冊〉所說的，當我的心靈痊癒時，所有的心靈都與我一起痊癒了（W-137）。不論別人是否準備好要接受療癒，在我的心內，救贖已經完成了。從此，我心中再也沒有任何一位有待寬恕或療癒之人，因為一旦領悟出所有人都是同一聖子，分裂便再無立足之地了。

這就是讓我憶起「自己從未離開過上主」的唯一途徑。

根據《奇蹟課程》「一個心靈療癒了，等於所有的心靈都療癒了」這一原則，我們才會說這部課程純粹是為**你**一人而寫的，這個**你**，就是正在閱讀及操練《奇蹟課程》的人。當你的心靈療癒了，必會切身領悟到，而不只是理性了解而已：上主真的只有一位聖子。可想而知，這種領悟對於仍被面紗蒙蔽的人來講，必然顯得荒誕不經；然而，對於活在正念之境的人，必能體會箇中深意的。因為在正念之中，分裂早已癒合了，真相也大白了，確實只有一個學生和一位聖師存在。也因此，我們不會想去傳道，說服別人來信自己的這一套。當然，這未必表示自己這具身體從此就無所事事，反之，此後的我們，所有一言一行，唯獨只受愛的驅使。

我再重申一次，《奇蹟課程》的要旨不是改善世界。幻相何需改善！我們反而應該自問：「何苦枉費這番心力？」當前不少靈修門派確實熱中於改造世界，但本課程一心致力於改善**心靈的世界**，絕不模稜兩可。心靈一旦寬恕了所有的罪咎與判斷，小我就變得英雄無用武之地，只好識趣地隱退，最後只剩下上主聖愛的記憶，也就是聖靈。從此，身體的一言一行只會反映出聖愛，共同福祉成了唯一的生活準則。即使外表看來，不可能完美無缺，但愛的內涵始終不變。請記住，寬恕引領我們抵達的真實世界，並非人間天堂，最多只能算是一種不受小我控制的心靈境界而已。一臻此境，我們便恍然大悟，並沒有世界等待著我們拯救，因為聖子的心靈已經療癒，所有的分裂也徹底解除了。終於，我們可以和耶穌一起活在夢境之外，即使身體仍在紅塵，心裡卻明明白白，了知自己並非活在這兒。而這具身體或他人的表現，再也吸引不了我們的目光了，我們只為耶穌之愛而活。那麼，此生還有什麼未了的心願可言？

再回頭來看剛才那段引言，那幾句話其實寓意了《奇蹟課程》的一句名言——只要在弟兄身上看到基督聖容，你就會憶起上主。雖然原文沒有提到「基督聖容」這個詞，但我們知道，它象徵著生命純潔無罪的本質，與肉眼所見的臉孔毫無關係。看見基督的聖容，意味著我們已收回自己投射在他人身上的罪。也就是說，對方根本無罪。這一過程歷經了幾個轉折：最開始時，你相信自己有罪，他人無罪；當你把有罪的信念投射出去以後，所有的罪都跑到他人身上，而你則喜出望外地發現自己無罪；如今，你懂得如何由對方身上收回投射的罪，對方純潔無罪的本質頓時光華四射；而罪的陰魂一旦與你內在的光明相會，你當下就了悟自己原來也是純潔無罪的。

可以說，寬恕乃是被苦不堪言的特殊關係所逼出來的。我們一次又一次被特殊關係折磨，這回終於受夠了，決定要「窩裡反」。只因特殊關係根本沒有帶來任何好處，自己再也不願為它付出那般痛苦的代價了。我們對人際關係的心態及目標一旦轉變，種種援助好似立即從天而降！《奇蹟課程》給這種轉變一個名稱：**幸福美夢**（雖然序言沒有使用這詞）。幸福美夢反映的不過是活在正念中的人生境界，表示罪咎與攻擊這類苦因已經化解了，小我的分裂噩夢終於結束了。由此可知，幸福美夢和外在的環境因素一點關係都沒有。

心靈與身體

我一開始就把序言比擬為交響樂，下面論及身心關係的這一段，非常類似樂章中承先啟後的「間奏曲」，上承前文的知見觀念，下接後面的慧見之論。掌握了心靈與身體的關係，可說是了解《奇蹟課程》的金鑰，我們甚至可說，身心觀念乃是整部課程的核心，唯有了解其中的奧趣，我們的焦點才會從身體轉向心靈，進而在心靈層次看到問題的真相及其答案。

第九段

知見屬於身體的一種功能，因此它的覺知能力十分有限。

我們的知覺倚賴一套相當複雜的感官系統，感官受到外界的刺激，搜集它感知到的訊息，帶回給大腦詮釋。這種覺知的能力極其有限，因為身體本身就代表一種限制，正如〈正文〉所云：「身體的目的即是為愛設限。」（T-18.VIII.1:2）愛原是涵容一切的，一旦為愛設了限（更好說是埋葬了它），還有什麼覺知可言？但小我卻常常以我們的「敏感」而自豪，其實我們什麼也沒看到！小我所謂的「看」，就是先認定外面真的有東西，然後發明一堆理論來解釋感官帶回的不實訊息，設法自圓其說。整部的課程不厭其煩地警告我們知見必會蒙蔽人心（T-28.V.4;T-28.VI.1~2;W-92.1~3;M-8.3~4），耶穌還不時揶揄我們，說我們用看不見的眼睛在看，用聽不見的耳朵在聽，用沒有思想能力的大腦在想。

耶穌一點也沒說錯。我們每次讀到這類說法時，總認為自己理解其意，同時也並不否認，然而，一回到日常生活中，我們照舊認為自己真的想出了什麼、看見了什麼，或聽到了什麼。他說我們的所知所見極其有限，已經是客氣的說法了，只因我們早已神智失常，才會相信感官的報導真實不虛。耶穌在〈正文〉曾說，我們向世界請教一個它根本答覆不出的問題，要小我及身體告訴我們什麼才是真相（T-20.III.7）。為此，我們不得不發明種種學說，藉著物理學、化學、天文學、生物學、心理學、社會學、經濟學、神學、哲學等等，來為我們解析感官所搜集的訊息。其實，「感官搜集來的事實」全是虛擬現實，不過是出自小我的精心設計罷了。

知見必須透過肉眼來看，透過耳朵來聽，它只會激起身體非常有限的反應。身體看起來好像是自發且自主的，其實它完全受制於心靈的取向。

既然身體受制於心靈的意圖，它只有兩種可能，一是接受小我的意圖，鞏固分裂，歸咎他人；二是接受聖靈的意圖，從分裂之夢覺醒，不再歸咎任何人。問題是，身體生來就有自我運轉的機制，就好像它有自己的動機一樣，比方說基因，它不只控制生理的運作，連心理傾向都受制於它。說到最後，所有生理與心理的問題幾乎都可由身體的角度去解析；如此一來，便把心靈的主導權完全架空了。

如果心靈企圖借用身體發動攻擊，身體便會淪為疾病、衰老及腐朽的俘虜；

這句話說得不能再清楚了，我們生病、衰老、退化，最後難逃一死，全都得歸功於心靈的「心想事成」。然而，身體對自己的狀態其實並無自主權，物質界也沒有所謂的自然法則或進化規律這一回事。這些法則全是心靈製造出來的，縱然我們在夢中顯得一副身不由己的模樣，其實這是我們自己作的夢。正因如此，耶穌在上一段提醒我們「身體看起來好像是自發且自主的」，事實上，身體始終受制於心靈的決定。心靈造出一堆遊戲規則後，賦予身體自動運轉的能力，讓我們徹底遺忘心靈的存在。從此，這些法則好似有了自主的生命，基因原理即是一例。總而言之，問題不在於某一種法則，而在於背後的主腦，亦即心靈。幸虧如此，心靈既是主腦，我們隨時都有重新選擇的可能。

讓我打個比方，如果我把汽車打到空檔，一腳離開剎車板，雙手放開方向盤，任由汽車朝下坡的一堵牆滑動，後果當然不堪設想。追究其因，只能怪我的手腳離開了剎車板及方向盤，汽車天經地義地會順著地心引力往下滑動。我若不立即插手阻止，它自然只會繼續往下衝，直到悲劇收場，而我卻很無辜地哀歎：「我沒辦法停住這部汽車！」其實是我故意閒置自己的手腳，任由事故發生的。這可說是人類處境的最佳寫照。我們的心靈推動著小我，打造出世界及身體，逐步朝著毀滅的方向衝撞。此時，耶穌在旁輕輕地提醒我們：「趕緊把腳踩在剎車板上，把手放回方向盤，你有個心靈可以制止悲劇的發生。」可是我們卻裝傻地反問：「你說什麼腳？什麼剎車板？什麼心靈啊？」

這正是《奇蹟課程》所剴切指出的，我們內心確實有阻止這具「毀滅的機器」之能力（T-20.VIII.4:8）。耶穌用了上千頁的篇幅，反反覆覆細細解說，我們是為了什麼、又怎麼打造出身體這部座車的，他又讓我們看清楚自己如何無助地呆坐車裡，拼命抱怨命運的殘酷，任憑車子朝向死亡的懸崖加速衝去，還信誓旦旦地說：「我真的無能為力！」耶穌只能再三提醒，我們是有力回天的，只要心靈發出指令，手和腳就能讓車子停下來。我們真的沒有必要像《土撥鼠的一日》（*Groundhog Day*，又譯作《今天暫時停止》）那部電影，一而再、再而三地重複同一天的經歷。不論我們怎麼堅持自己真的沒有剎住車子的能力，耶穌卻說，事實「恰恰相反」（T-23.I.2:7），而要我們接受他的幫助，扭轉痛苦的毀滅命運。遺憾的是，我們常常置若罔聞，因為是我們存心要車子衝下懸崖，如此才能控訴世界：「這場悲劇不是我自己的錯，是別人把我擺放在這部車內，還趁勢把車往下推，連前面的萬丈懸崖也是他們幹的好事！」

耶穌繼續針對身體的問題發揮下去：

如果心靈接受了聖靈的目標，身體便成為與他人溝通的有效管道。只要你還需要它，它便神龍活現的；一旦功能已盡，它便會悄悄地告退。

請注意，耶穌隻字未提養生或長生不老之道，他只是語重心長地告訴我們，死亡和疾病、出生、康泰、老化這類生理現象同樣都屬於一種決定，身體也僅僅是履行心靈的指令而已。我們若連「心靈是什麼」或「心靈在哪裡」都沒個概念，自然難以理解耶穌的教誨。因此他必須採用間接的手法，強調心靈造出的種種後果；他要是直接搬出真理，肯定會嚇倒我們的（T-14.I.2,5）。

〈正文〉的「導言」開頭那句「這是闡釋奇蹟的課程」，等於是說，這是一部重建知見的課程，因為「奇蹟」和「知見轉變」是同一回事。知見一經轉變，我們的眼睛不再盯著外在事物，懂得如何把所知所見拉回自己的心裡，從而領悟出世界真的只是呈現心境的一個表相而已（T-21.in.l:5）。然而，我們很可能大聲反問：「什麼內在心境啊！」因為我們只知道芸芸眾生的世界，對於心靈一無所知，自然聽不懂耶穌在說什麼，更糟的是，我們打從心底不想知道他在說什麼。因此，他和所有老師一樣，想盡辦法激發我們的學習動機，否則學生絕對不會心甘情願地操練。他得先讓我們看清現實人生真的是苦海無邊，我們才會生出改換跑道的決心。然而，我們也不可小看人心最深的恐懼，我們很可能會否認擺在眼前的人生現實，寧可相信人生其實很美好，何況我們有幸遇到這麼棒的《課程》；這等心態，豈不是在對耶穌說：「謝謝你送來這份禮物，但可別要求我們真正了解你在說什麼。」

每個人心裡多多少少還會渴望某種「神蹟」出現，為此，我們必須徹底看透人間根本就沒有任何出路，而且只要夠誠實，我們也不會再責怪世界、身體或別人了。我們只需意識到坐在駕駛位置上的我們，絕對有能力阻止這部座車衝下懸崖。然而，小我仍會無所不用其極地要我們相信自己只是一具脆弱不堪的身體，註定要在人間受苦，最終難逃一死，為了這些慘境，它不斷控訴天下所有的人、所有的事。對此，聖靈的任務即是逆轉這一思維，教導我們把身體變成交流管道，向祂學習心靈的真相。換句話說，祂把世界與身體轉化為人生教室，至於我們會在這些課堂裡學到什麼，全看自己的選擇了。故耶穌如此提醒我們：

身體本身是中性的，知見世界裡的萬物莫不如此。它究竟會為小我或聖靈效命，端視心靈之所願。

這說法和〈練習手冊〉「我的身體是全然中性的」那一課完全不謀而合（W-294）。身體原是為了限制愛以及攻擊上主而造的，故不是中性的。然而，如今它可能成為牢獄，陷我們於絕境，也可能成為教室，給我們一條生路，端視我們作何選擇。由此可知，耶穌這兒所說的心靈，就是指抉擇者；其實，耶穌自始至終都是針對我們的抉擇者而發聲的，因為夢境裡除了心靈以外，全是虛無。前文已經解說過，心靈內的抉擇者只能在兩套思想體系中任選其一，也就是充滿分裂、罪咎與怨恨的小我，以及代表救贖、寬恕和慈愛的聖靈；此外，抉擇者什麼也沒做。那兩套思想體系永遠不會改變，改變的只有抉擇者。心靈會作何選擇，就看我們此生抱定什麼目的了，究竟想要昏睡下去，還是渴望從夢中覺醒？終究而言，我們渴望什麼，便決定了我們會拜誰為師，也決定了我們會如何看待這個世界。

明白了身體與心靈的關係後，序言推出最後一個主題——寬恕的慧見。

真實慧見

第十段

與肉眼之見相對的，便是基督的慧見（vision）。它所代表的是力量，而非軟弱，是合一而非分裂，是愛而非恐懼。

小我就是要我們著眼於各自的身體，才打造出五官的。我已說過，分裂、歧異、判斷以及攻擊，其實是同一企圖：我們著眼於**各自的**身體，就是為了**評斷**彼此的**差異**，以達**攻擊**的目的。比如說，某些形體顯得十分美好，另一些則醜陋不堪；有的彷彿神聖，有的則是庸俗。如此根據自己的好惡愛恨，將人們分門別類，這樣的分別取捨本身即是一種攻擊。肉眼只會著眼於差異，因為它是受小我指派專門來做這種勾當的。〈正文〉將肉眼形容成一隻饑餓又恐懼的惡犬，盯著一具具不同的身體，在判斷的推波助瀾下，大肆攻擊彼此的相異之處。直到有一天，這種看待事物的知見令自己活得苦不堪言，我們才會從心底喊出：「該停了吧！一定還有另一條路、另一位老師，以及另一種看待方式才對！」開始由小我的判斷之見轉向基督的寬恕慧見。

在慧見之下，肉眼仍舊看得見表相，外在的現實依然故我，唯一不同的是心靈的詮釋。也就是說，我們的肉眼仍會看到種種分立、歧異、生理症狀，以及攻擊的行為，只是不再自行判斷，心裡明白這些表相差異其實微不足道。因為每個人的心靈完全一樣，都有百分百的小我思想體系，罪咎、怨恨、痛苦、死亡，一個也不缺；也有百分百的聖靈體系，寬恕、療癒、平安和愛，也一點不缺；在此同時，每個人的心靈也共具同樣的抉擇者。縱然有些人能把心靈的某些特質多活出一點，但心靈畢竟是同一個。〈正文〉中的新年禱詞：「讓我們以『同等』的心對待一切，而使這一年有所『不同』。」（T-

15.XI.10:11）表達的就是這個深意。唯有如此的心態，方能反映出基督的大能，天堂的一體性，以及上主聖愛。這就是慧見。由此可知，慧見並不屬於一體以及聖愛那一層次，但因它已不再憑知見判斷（更好說是，不再妄加詮釋表相的歧異而將肉眼所見弄假成真），才得以透視紛紜萬象下的同一內涵。在人間，我們只能憑靠這種慧見來反映出天堂的一體境界。心靈痊癒後，罪咎懼自然消失得無影無蹤，最後只剩下上主聖愛的記憶。

當我們讀到這種說法時，好好觀察自己內心的反應，對我們的修行必然大有助益。因為我們心裡有一小部分很可能如此反彈：「我不能這麼輕易就放下這些怨尤，我寧願犧牲自己的幸福，也不能放棄『我是對的』這一底線。」只要我們誠實面對心裡這些感覺，不再任意找藉口，緊閉的心門便會豁然開啟，耶穌才有機會進入心內與我們一起看。如此鍥而不捨地踏實修行，終有一天，我們會心甘情願地選擇他的愛作為自己的力量的。

與耳朵的聽聞相對的，則是為上主發言的「天音」，祂就是住在我們每一個人心內的聖靈。

是的，每個人心內不只藏有罪咎懼，也保有同一聖靈。正因如此，我們的耳朵才可能轉而「**聽到**」正念之音。

只因代表那渺小且分裂之我的「小我」總是聒噪不已，才使得聖靈之音顯得杳不可聞。

小我企圖以刺耳的叫囂淹沒寧靜的聖靈之音，這一主題不斷重現於〈正文〉中。下面這一段反問最為震聾啟聵——如果我們滿耳盡是為特殊性發言的分裂、歧異、判斷及攻擊之聲，還可能聽到聖靈的天音嗎？

> 如果你請教、答覆與聆聽的對象，都是這一特殊性，你可能接收到聖靈什麼樣的答覆？上主不斷以愛讚頌你的生命真相，你卻一味聆聽特殊性的暗啞回應。上主讚美你與愛你的雄偉讚歌，在特殊性的淫威下，只好噤聲不語。每當你豎耳聆聽特殊性的暗啞之聲時，上主對你的呼喚必然不復可聞。（T-24.II.4:3~6）

只要我們的話語中暗含了一絲批判，就不可能出自聖靈，縱然那聲音聽起來十分神聖，彷彿充滿了靈性的味道，你聽到的其實是小我之「靈」所作的「神聖」判斷。要知道，上主的聖靈絕不會判斷的。我們的眼光一旦落在彼此的相異點，而看不到上主之子內在的同一性，那麼，無論那一刻的體驗多麼深刻，你聽到的絕不可能是天音！小我非常陰險而且別有用心，故它特別擅長代替聖靈發聲。然而，要當心，凡是令你與任何一位弟兄產生隔閡的聲音，便不可能出自愛，因為愛是不會排斥任何人的。由此可知，每當我們覺得天音杳不可聞時，便表示我們更想聽到歌頌特殊性的聲音。

回想先前提到的「座車衝向絕境」那幅景象：耶穌坐在身旁，鍥而不捨地鼓勵我們從夢中醒來。他的聲音永遠「寧靜，一無所作。……只是觀看、等待、不評判」（W-PII.一.4:1,3），即使我們常常充耳不聞，他的話語始終充滿了安慰與智慧。不消說，這只是比擬的說法，耶穌並不會真的向我們說話的；他那「非具體」的愛不需要語言，真實世界的溝通也不藉著語言。幸好，我們的心靈與大腦仍能將他的愛塑造成自己所能夠了解也容易接受的形式。

事實正好相反，聖靈發言時一向清晰明確，且具有難以抗拒的吸引力。凡是決心與身體劃清界線的人，不可能聽不見聖靈的解脫及希望的訊息。他必會欣然接受基督的慧見，取代心目中卑微的自我形象。

我們之所以聽不見聖靈「清晰明確」的天音，問題就出在我們早與身體認同了。因此，只要一與小我這座牢籠解除認同，我們是不可能聽不到聖靈之聲的，因它始終臨在於我們心靈內。反之，如果我們寧可聆聽只知著眼於身體的聲音，那就絕對聽不見聖靈之聲了。容我再提醒一次，天音不會跟我們講人話，因為聖靈不可能著眼於根本就不存在的身體。祂非常清楚幻相與實相之分，夢境與真理之別，絕不至於混淆兩者。天音本身既然代表了愛的呼求，也就是「愛對愛的吸引」（T-12.VIII），故祂的力量勢不可擋。那是愛的自我呼喚，因為愛只有一個，卻被我們搞成二元之物。天堂之音不斷地向我們發聲（W-49），我們卻竭盡所能地充耳不聞——覺察這一點非常重要，因為身為唯一聖子的我們，從一開始便已下定決心遮蔽聖靈的救贖之音，因為它竟然告訴我們「分裂不曾發生過」；我們與上主若不曾分開過，表示眼前這個我也不曾存在過。難怪我們決心投奔小我，因為它告訴我：「有個很棒的東西出生了，就是你！分裂真的發生了，你也真真實實存在！」

在無始之始，我們曾經面對一個選擇，那時仍是「唯一聖子」的我們，冒出一個瘋狂的小念頭，決定選擇小我，只因我們太想成為一個獨立而特殊，與眾不同的個體了，故決定遮蔽聖靈的聲音。從那一刻起，天音被打入冷宮，且被罩在「雙重遺忘」的帷幕下（W-136.5:2）。第一重即是小我的罪咎思想體系，它上面又覆蓋了一重罪孽深重的世界；世界的帷幕企圖掩飾人心深處的罪咎，而罪咎的帷幕存心覆蓋真愛的臨在。所幸，真愛是不可能完全被遮蔽的，它只是一時被遮擋而已，我們隨時都能掀開這一陰森黑幕。不幸的是，我們拒絕這樣做，只因小我不斷在耳旁警告，我們若膽敢掀開它，當下便會消失於天心內，自己現有的「生命」便會徹底化為烏有而且萬劫不復，為此，我們才決定寧死也不聽聖靈之音。說到底，耶穌的教誨不過是點醒我們，我們既然能夠作出**抵制**聖靈的選擇，必也不難作出**聆聽祂**的選擇的。選擇的主權操之於我，但我得先發現自己還有一顆心靈，這顆心靈才可能施展它的選擇能力。

耶穌不斷提醒身陷小我轎車而且正衝向死亡的我們，不要這麼認命，我們是有力回天的，我們卻一味抵制這個真理之音。只因心裡有一部分始終想要證明自己是對的，為了怪罪天下人，我們不惜一死，才會投胎到身體這部自殺轎車裡，而且心知肚明它遲早會衝下萬丈懸崖。我們之所以如此死心塌地守住這套瘋狂又變態的思想體系，不過為了證明這一切都不是自己的錯。所幸，耶穌始終守在身旁，不時溫柔地提醒，只要我們願意，隨時都能停止這一瘋狂演出。問題是，我們常常任由小我的音響開得震天價響，淹沒耶穌的叮嚀，寧可聽信小我的叫囂；因為唯有如此，自己才能理直氣壯地生氣發怒。也因此，我們無所不用其極地遮蔽那溫柔親切的天音：「我的弟兄，重新選擇吧！」我們對這句話簡直避之如蛇蠍，萬死不悔地追逐小我的特殊性，在生老病死的苦海中不斷輪迴下去。

不論我們駕駛哪一款類型的轎車，全人類都在面對同樣的宿命，不只自己的身體難逃一死，我們還會互相控訴和報復，把更多的身體也一併拖下水方肯罷休。耶穌永遠在旁等候，由於他早已不活在時間裡，故他的耐心總是無限的（T-5.VI.11:6）。等到我們苦得受不了而向他求助時，他就會告訴我們：「只要把腳踩上剎車板，小我就沒輒了。」由此可知，這種苦到忍無可忍的痛苦之重要性，它成了刺激我們解除心靈禁錮的動力。難怪〈正文〉會說，聖靈要我們覺察自己活得多慘，缺少了這種覺知，祂根本無法教導我們（T-14.II.1）。為此，祂還進一步為我們對比出痛苦與幸福的不同，因為幸福對小我而言是莫大的痛苦，我們早已活得是非顛倒了，故耶穌繼續為我們點出他的清明之見與小我瘋狂思維的差異，我們才可能作出有意義的選擇。

第十一段

基督的慧見乃是聖靈所賜的禮物，是上主在分裂幻相以及相信罪、咎和死亡的信念之上所給我們的另一種可能性。

自從我們選擇了小我之後，便決心遺忘自己的決定，才會顯得自己好似別無選擇，只因聖靈早已被我們消音了。幸好，沒有人消除得了天音的。話說回來，只要我們還堅持自己與眾不同，並且企圖將責任推到他人身上，這種時候，我們就和聖靈斷了線。是的，我們就是如此放棄了基督自性而為自己選擇了一個我，這個我企圖仿造上主創造的一體自性，卻畫虎不成反類犬，造出一個罪咎與恐懼的淵藪（T-24.VII.1:11;10:9）。這醜陋的小我，喬扮為一具身體，以死亡充當歸宿。正因如此，我們必須看清這一切不只出於自己的選擇，而且我們每天都在延續這個選擇。讀到這裡，我們不難看出《奇蹟課程》真正獨到之處，耶穌不只由靈性的高度為我們指引方向，他還提供了具體的方法，讓我們在日常生活中活出他的教誨，確保我們回家的路上萬無一失。

這一慧見足以修正所有錯誤的知見，讓那狀似對立的世界和好如初。

無可否認，我們在世間的所知所見全都反映著分裂、歧異、判斷及攻擊，故我們必須謙虛地承認，自己完全看走了眼。究竟的真相是：我們不過犯了一個錯誤，即分裂；故也只有一個解決方案，即奇蹟。這錯誤反映於人間，即是個別利益，而它的解決方案即是共同福祉。

上述這一段引言的關鍵字是「狀似」一詞，言下之意，世間根本沒有真正的對立可言，虛無之境，何來對立？可以說，這句話是針對榮格理論的另類答覆。依據榮格的主張，調和對立的兩面乃是完成「個人生命」的基本功夫，唯有調和自己內在善與惡的兩面，生命才會重歸完整。這個觀點預設了人心真有善與惡兩部分，而且人必須全面接受兩者為自己的一部分才行。這個理論的心理治療過程當然具有某種療效，因為否認自己的正念或是妄念都會助長小我的幻覺；但這樣的調和過程並無法幫我們從二元夢境中覺醒。世間的對立純屬表相，真正的調和之道，乃在於了悟兩者同等虛幻；下手之處，即是不再重視人們表相上的對立或歧異，決心著眼於他們共有的福祉與目標。人間唯一稱得上「對立」的，只有小我與聖靈兩套思想體系，只要把小我的陰森罪咎帶入聖靈的光明之愛，小我立即銷聲匿跡。不僅如此，小我一旦消失，聖靈也會隨之隱退，因為聖靈只是針對小我而產生的修正與答覆；問題一經修正，答案業已獲得，聖靈自然也無存在的必要了。

在人間，除了善惡「對立」以外，還有上主與小我，心靈與肉體的對立；但別忘了，《奇蹟課程》是屬於非二元性的，為此，才會特別為我們點出這些對立都不過是「狀似」而已。否則，根本不存在之物，豈有調和的必要？然而，活在人間的我們，仍需正視對立的兩面，才能超越過去而直抵基督的一體慧見；因為在虛妄的世間，只有「判斷」與「正知見」這種對立值得一談。請記住，當我們將黑暗帶入光明時，兩者都會消融於心靈的光明真相內，所有的罪咎、寬恕，會在抉擇者的祭壇前一併消失，只剩下天堂的真知，那是超越小我對立世界的實相世界。

> 如今，上主那不變、肯定、純淨而且人人能懂的真知，終於回到它自己的國度。知見，不論是正見或妄見，都已經過去了。寬恕也過去了，因為它完成了任務。身體也過去了，消失於那獻給上主之子的祭壇的燦爛光明中。上主知道那是祂的真知，也是聖子的真知。他們就在此結合了，而基督聖容也在此驅散了時間的最後一刻；如今，最後的一個知見終於看清了世界既無存在之因，也無存在的目的。上主的記憶所至之處，人生旅程便告結束，罪的信念不復存在，沒有隔離的圍牆與身體，罪咎的陰森魅力亦已不再，死亡自此永遠銷聲匿跡了。（C-4.7）

它〔慧見〕的慈光從另一角度照亮了萬物的真相，反映出以真知為本的思想體系，使得回歸上主不只是可能的事，而且成了人類的宿命。

切莫忘記，基督慧見仍屬於幻境，至多只是天堂一體境界的一個象徵而已。縱然如此，說它是最終的幻相，也是當之無愧的，因它足以一舉化解人間所有的幻相，而在世上反映出真知之境的合一思想體系，成為永恆不易的自性之倒影。從另一角度來講，慧見照亮了支離破碎的知見世界，開始為共同福祉發言，不再與分化、獨立的個人利益認同。耶穌之所以在〈練習手冊〉，甚至整部課程給我們如此具體的修練方法，只因唯有如實操練，我們才會意識到自己的觀點極少出於一視同仁的心態。當然，我並非要求大家在**形式層面**給每個人同等的時間或同等的愛，只希望我們能在內涵層面，不再任意判斷或排斥那些非我族類而已。唯有如此，慧見的慈光才能「從另一角度照亮了萬物的真相」。

猶記得當年，一直到海倫和比爾準備好放下個別利益、決心攜手的神聖一刻，比爾才可能說出「一定還有另一條出路才對」這句話，而海倫竟也破天荒地同聲附和，因為他們終於找到了此生共同的目標，也因之，《奇蹟課程》才有機會來到人間，答覆他們的問題。他們兩人在工作上幾乎是形同水火，唯獨面對這部課程時，方能暫時放下各自的小我，同心合力把《課程》帶入人間。耶穌所謂「另一角度」，指的就是這個，因為唯有這種心境才反映得出真知的一體境界。話說回來，若非我們的分裂妄心始終保存了這份記憶，否則我們怎麼可能作此選擇？為此，我們才說，回歸上主不只是一種可能，而且還是人類的宿命。但我們也要牢牢記住，唯有時時刻刻意識到自己多麼「不」想回去，我們才回得了家——這種自覺能確保我們終有一天會心甘情願地接受耶穌的教誨，如實修行。

所謂「回歸上主」，其實就是由夢中覺醒，而覺醒之途就是寬恕的奇蹟，亦即放下個別利益，著眼於共同福祉。請記住，我們必須十分警覺自己的判斷，這句話不論提醒多少遍都不為過。我們一落入判斷、找碴、攻擊的心態，耳朵便關住了，再也聽不見痛苦的呼號。若是肯打開心門，在話中聽出對愛的呼求，我們便會在人們的苦中看到所有人類承受的苦，因之，再也沒有好人與壞人、加害者和受害者之別了。這就是基督慧見為我們開啟的願景，也是聖靈天音要傳給我們的訊息。從此，我們不只「聽得見」還「看得到」人們的求助之聲，內在的愛也會自然而然地流向每一個人。

這正是《奇蹟課程》要我們體會的境界。每天接受這種慧見的潛移默化，有朝一日，我們必會臻此境界的。此後，我們不會過度渲染他人的痛苦經歷，只會以寬恕的溫柔之手撫慰他們內心真正的痛楚。人心最深的痛，莫過於冥冥中意識到自己活在一個離鄉背井的異地，卻又不知道家園在何處；除了身體這具必朽的牢籠以外，我們對家鄉真的一無所知。回到轎車的比喻，我們明知自己的車子正以全速衝往懸崖，卻對耳邊教導我們如何扭轉噩運的聲音恐懼萬分。其實，耶穌傳授的方法一點也不抽象，若想停止這部死亡轎車，只需看清所有的人都跟我們坐在同一部車內；不僅如此，耶穌深盼我們跨越內心的抗拒，真正看到所有的人都在向愛呼求，卻又難以相信自己會得到愛的垂顧。

過去我們視為某甲施加於某乙的不義之舉，如今已然看出那只是求助與合一的呼求。罪咎、疾病和攻擊也會被視為「妄見」在呼求一帖溫柔慈愛的解藥。

換句話說，唯一改變的是我們對感官搜集來的訊息所作的詮釋。不論感官顯示的景象多麼荒誕變態，我們依舊秉持基督的慧見，以寬恕包容每一個人，絕無例外。只要一著眼於他人或自己的無情無義，表示我們已經誤聽了小我之言。根據聖靈的教導，疾病與攻擊不過是求助與合一的渴望，它是一種哀號：「請你幫幫我，因為我只懂得用攻擊來逃避內心的苦，結果愈陷愈深。請你為我示範另一條路吧！」只要我們願意，隨時都能伸出援手的；然而，有一個重要的前提，我們必須先承認自己也在玩歸咎與受苦的把戲，否則我們是聽不出別人求助底下隱藏的苦衷的。

我們都知道，痛苦最能給人存在感，為此我們才會苦得無怨無悔，萬死不惜。我們甚至還打造出一具挺能受苦的身體，就是為了掩飾心裡的罪咎之苦。針對這點，耶穌在《課程》反覆強調，身體是無法受苦的，它就像木偶一般沒有任何感覺，是心靈向身體輸送這一訊息：「感受這個痛吧！如此你才能說出『看看我吧，弟兄！我是死在你手中的』這一句話！」我們欣然從命，只要上主不再追究自己的罪而去懲罰別人，我們什麼苦都甘心消受。不妨再讀一下〈正文〉最後那幾句針針見血的描述：

> 你若受到任何傷害，這幅受苦的畫像不過表示你看到了自己的秘密心願。僅僅如此而已。你所受的苦會讓你看到自己想要傷人的那個不可告人的秘密。（T-31.V.15:8~10）

沒有錯，我們身上的傷痕成了弟兄有罪的有力證據，上主必會懲罰或毀滅他們，故眼前這些苦算不得什麼，反而成了我們得救的保證以及他們下地獄的罪證。這十分符合小我的「**非此即彼，非你即我**」的原則——上主一旦逮到他們，就會饒過我們的。不僅如此，我們還會吆喝一堆人到上主那兒為我們申冤，讓上主對我們遭受的凌虐與背叛感同身受。於是人間的不公不義，加上自己的切身傷痛，成了小我最強勁的防衛工事，令我們再也無暇去想回歸天鄉那一回事了。

防衛機制從此撤銷，因為攻擊既不存在，便無自我防衛的必要。

先前已經談過，我們先認定自己心目中這個小小的我隨時需要保護，才會造出種種的防衛措施。人人心裡都怕受到傷害，只因這個「我」最初就是靠攻擊而存在的，因此，我們首先就得保護它不受到攻擊。若說攻擊乃是人類的天性，世間會如此問題叢生也是意料中的事，而反擊遂成為理所當然的防衛手段。這可說是小我體系裡最萬無一失的自保方式了。一旦陷入這個看不到盡頭的仇恨漩渦，從此就再難重見天日了。它的邏輯是：若要除去這令人寢食難安的罪咎，必須先發動攻擊；

攻擊之後，更加內疚，從此便欲罷不能了。而且，在攻擊之際，我不可能不擔心別人的反擊，自然會加強武裝保護自己。就這樣，因內疚而攻擊的循環，演變成因攻擊而自衛的循環。至於你是否真會反擊，並無關係，只要我認定你會反擊就行了。從此，罪咎導致攻擊，攻擊引發防衛，以至於攻擊愈演愈烈，內疚也愈陷愈深。小我這套冷酷且瘋狂的思想體系不斷在人間輪迴，直到有一天我們實在忍無可忍，才會向天求助。

然而，若想得此「天助」，我們必須先承認自己一直在幹的好事，而且痛下決心不再重蹈覆轍。不僅如此，我們還得切身感受到與小我認同之苦，否則，我們不會甘心捨棄小我，反而設法跟耶穌討價還價。這種「只想減少一些痛苦，但無需放棄小我」的分裂思想體系，可說是最陰險的抵制方式，但它終究不會得逞的。當我們想要證明別人錯而自己對時，唯有親身感受到這種評判所引發的不安或不悅，我們才會真心向另一種眼光開放。如此一來，耶穌才有機會教我們看明白：攻擊別人，解救不了自己；證明自己是對的，也不會帶來幸福；將他人推入罪咎的泥沼，自己更難從泥沼中脫身；即使我們長袖善舞，佔他人的便宜來滿足一己之需，自己也不會活得更快樂。縱然小小的勝利會帶給自己片刻的興奮與狂熱，可它馬上就會被內疚所吞沒，因為這是特殊性遊戲必會索求的代價。總之，唯有看到特殊關係最後必然落空，自己才下得了決心不再與它沆瀣一氣了。

弟兄的需求成了我們的需求，因為他們既與我們一起共赴上主之道，沒有我們，他們難免會迷途；

這幾句話道盡我們每天操練的寬恕功課之要旨。在回家的路上，弟兄不能沒有我們，我們也少不了他們。換句話說，我們有同一需求，他們的需求就是我們的需求，反之亦然。因為我們來自同一念，即使我們看起來像是那渾然一體的生命分化出來的許多碎片，但請記住，就算那個整體發瘋了，但它在支離破碎的幻相底下，始終一體不分。只要心中明白：不論你是十字架旁的義賊還是惡賊，綿羊還是山羊，或者究竟是否讀懂《奇蹟課程》，我們都全然相同，這才表示我們跟對了老師，踏上了正途。從內涵的層次觀之，我們每一個人都走在同一條心靈的旅程上，關鍵是，我們得正視一下自己內心多麼不想和某些人同路，不只是不願跟他們共餐，更不想跟他們一起回家。為此，耶穌不斷點醒我們，他們若回不了家，我們也回不去的。所以，為了自己的福祉，我們得帶上所有的人，因為沒有一個人與我們分開過，每一個人都是我們自己。我們若不甘接受這個事實，不斷為自己的攻擊或不義找理由，藉此證明彼此的不同，我們便落入了歧途，痛苦從此勢所難免。

耶穌在〈正文〉這樣告訴我們：

> 你若不以評判的心態對待自己及你的弟兄，那種如釋重負的平安絕對超乎你的想像。（T-3.VI.3:1）

一般而言，我們很難想像所有的痛苦竟然來自於自己死抓不放的判斷。平安的感受之所以如此美妙，只因痛苦終止了，我們如釋重負了。〈正文〉說過，在回家的路上：「若不和他一起……抬起眼睛，你就根本沒有抬眼的可能。」（T-19.IV.四.12:8）請注意，與我們「一起」的，不僅指所有特殊愛恨關係中的弟兄，而且還包括我們任何一刻存心排除或抵制的人。

沒有他們〔我們的弟兄〕**，我們也絕不可能找到自己的路。**

凡是我們愈想排除於心外的人，那個人愈可能正是我們的救主，只因我們已把自己「隱秘的罪咎，深埋的怨恨」投射到他身上了（T-31.VIII.9:2）。既然我們厭惡之人背負的其實是自己深埋心底的罪咎，他們的出現豈不給予我們一個看清自己不可告人之密的大好機緣？故當前的急務，乃是覺察自己不甘放下的投射，而不是忙著療癒自己，假裝神聖或觀想自己與所有弟兄一起回家。反之，我們必須承認自己**根本不想**踏上這一條路；而從實相的角度來講，他們的確一直都跟我們走在同一旅程上。為此，我們該把全部心力放在怎麼移除那些令自己無知無覺的心障上。倘若要藉助於觀想，也不妨多觀想自己多麼不願與他們同行的心情，然後寬恕自己一下就成了。耶穌的職責只是安撫我們，別再因為拒絕拜他為師或不讓他邀請所有弟兄與我們同行而回頭攻擊自己。一旦學會寬恕自己那些判斷，我們的鐵石心腸就融化了，自然會看見原來所有人都在陪伴自己同行；我們無需忙著呼朋引伴，只要張開眼睛，便會認出其實他們已經在自己身邊了。就這樣，弟兄也同受啟發，看清了自己的真面目。

第十二段

在天國裡，沒有寬恕這一回事，因為天國無此需要。

這一段再度切入本課程另一核心要旨，我們在〈練習手冊〉也讀過類似的說法：

> 上主不用寬恕，因為祂從不定人的罪。（W-46.1:1）

只因我們選擇小我的分裂在先，才需要寬恕來加以修正，因此我們寬恕的只是分裂幻相；而天堂裡根本沒有分裂這一回事，故也無需寬恕。

但在這世界裡，寬恕是修正我們一切錯誤的必經過程。

我們所犯的唯一錯誤不過是那無明一念而已，比方說，「自力更生才有前途」、「為滿足一己之需，大開殺戒也情有可原」，這類念頭充分反映出「**非此即彼，有你無我**」的生存原則。唯有寬恕會幫我們明白：這原本是人類的存在前提，而且這種生存方式絕不會讓人活得安心或幸福。這種人生怎麼可能幸福？身陷戰場的人，終日枕戈待旦，怎麼可能活得輕鬆快樂、安全無虞或心安理得？但也別忘了，這是**我們**自己打造出來的戰場，是**我們**自己編織的夢境，也是**我們**自己製造的敵人，全都出自於**我們**的罪過；這一切既然是自己的傑作，表示我們必有改變這一局面的能力。這正是「寬恕」要我們學習的功課。

唯有先給出寬恕，我們才可能擁有寬恕，如此才符合了「給予等於接受」的天國之律。

之所以說「給予等於接受」，因為我只可能給予自己，也只可能為自己而接受（W-126）。我一旦定了你的罪，必會強化自己的罪惡感，因為我一定先在心內把罪當真了，才會投射到你身上去。反之，我若把寬恕推恩於你，表示我在自己心裡已經看不見罪的陰影，才可能對你的罪過完全視而不見。這就是「**投射形成知見**」的原理。但請留意，如果我在「寬恕」你的罪之時，心裡仍相信罪的存在，表示我什麼也沒有寬恕，這就是所謂的「毀滅性的寬恕」；唯有「無所不容且無一例外」的寬恕，才稱得上是真寬恕。只要還有一人不在你的寬恕之列（包括自己在內），就不是真寬恕了，因為它並沒有真正修正小我的分裂思想體系。

天國是上主為其神聖兒女所創造的本來境界，那是他們的永恆實相；縱使遭人遺忘，也不曾改變分毫。

這幾句話雖然沒有提到「救贖」一詞，卻道盡了「救贖原則」的真諦。天堂並沒有因為我們的遺忘而遜色分毫，聖子奧體的一體生命依舊完整無缺；不僅如此，即使我一路雙眼緊閉，整個聖子仍始終伴我同行於回家的路上。當耶穌說「天國是上主為其神聖兒女所創造的本來境界」，他指的就是聖子的一體生命。上主並沒有一堆兒女，祂只有**一位**聖子；只因我們活在一個多元的世界，才會產生芸芸眾生的幻覺。為此，我們只需在一個看似非我族類的人身上操練共同福祉的眼光，不再著眼於個別利益，那種幻覺便會慢慢消融，讓我們看到彼此原是同一個生命。

第三章

旅途的終點：被寬恕的世界

第十三段

最後一段可說為整篇序言作了精彩的總結。它綜合了前文所有的要點，將我們推向「被寬恕的世界」這一巔峰，也就是〈正文〉第十七章所描繪的真實世界（T-17.II）：當我們全面化解了小我，親自領受救贖時，表示我們徹底寬恕了世界而進入真實世界。在耶穌的諄諄教誨下，我們終會看清，原來我們與每一個弟兄都在同一條船上，這可說是夢境中唯一的真相。親自接受救贖，才是心靈唯一且真實的選擇；一旦作出這一選擇，我們便進入了「被寬恕的世界」，只需於天堂之門外安歇片刻，整個人生旅程，那充滿罪咎與寬恕的夢境，瞬間失去了蹤影，唯聖愛留存，不曾離開我們片刻。現在，讓我們一起誦讀這段結論，它為序言劃下了句點，同時為《奇蹟課程釋義》之旅程提供了最佳的暖身準備：

唯有寬恕能幫我們憶起這一真相，也唯有寬恕能轉變我們對世界的看法。被寬恕的世界成了一扇上天之門，因著它的仁慈，我們才寬恕得了自己。只要我們不再用罪咎來囚禁任何人，自己便會重見天日。我們若能在弟兄身上認出基督的臨在，必然也會在自己身上認出祂的臨在。放下所有的妄見吧！不受過去種種的羈絆，我們自會憶起上主。學習階段到此結束。當我們準備妥當，上主自會踏出最後的一步，引領我們回歸於祂的。

附　録

本書的緣起

《奇蹟課程》是海倫．舒曼與威廉．賽佛兩位教授基於同一共識，突然決定聯袂合作而成的作品。兩人都任職於紐約哥倫比亞大學內外科醫學院的醫療心理學系。至於他們是何許人物，其實無關緊要，倒是這段傳奇，充分顯示了，在上主內沒有不可能的事。這兩位心理學教授原本是靈修的門外漢，雙方爭執迭起，互不相讓，縈繞腦際的只有成就及地位。總而言之，他們可說是道地的凡夫俗子，他們的生活與本課程所倡導的境界簡直是南轅北轍。接收這秘傳資料的海倫曾對自己作過這番描述：

> 身為心理學家、教育學家的我，在理論上相當保守，在信仰上屬於無神論，任職於頗具名望的學術機構，卻因一個事件，引發出一連串意想不到的經歷。我們系裡的主管有一天意外地公開表態，他再也受不了我們勾心鬥角，彼此攻訐的心態，他最後斷言：「一定另有出路才對！」我那時彷彿冥冥中受到某種暗示，竟然同聲附和，願意與他一起探索出路。這個「課程」顯然就是他在找的「出路」。

雖然這兩人的發心相當認真，在聯袂探索之初，仍然經歷了極大的挑戰。只因他們已向聖靈獻出了「小小的願心」，正如本課程反覆強調的，這已足以讓聖靈利用每一機緣大展神能，而完成了祂的任務。

海倫在其自述中繼續說道：

在動手筆錄之前那奇妙的三個月中，比爾建議我把當時所經歷的充滿象徵意味的夢境記錄下來，要我描述一下那些不請自來的奇怪異象。雖然那時我對這類突如其來的經驗逐漸習以為常了，但見到自己寫下「這是闡釋奇蹟的課程」這一句話，仍然驚訝萬分。這是我認識「那聲音」之始。它是無音之聲，好似以極快的速度傳遞給我訊息，我一一把它們記錄在速記簿上。我筆錄時並非身不由己的，我可以隨時中斷，稍後再接著寫下去。雖然這經歷讓我感到坐立不安，卻從無罷手不幹的念頭，我好似曾幾何時答應過要完成這項特殊任務。它可說是比爾與我名副其實地共襄盛舉的一段經歷，我相信它最深的意義也正是我們的聯袂合作。我會逐字記下「那聲音」所「說」的內容，次日唸給比爾聽，他則把我的口述打字成稿。我明白這也是他的特殊任務，若非他的鼓勵支持，我是絕對完成不了這一任務的。筆錄的過程前後歷經了七年的光景，最先完成的是〈正文〉，然後是〈學員練習手冊〉，最後才是〈教師指南〉。我們只作了些微的改動，且在〈正文〉中插入章節標題，我刪去了「內在靈音」給我的私人訊息。除此之外，本課程基本上保持了它的原貌。

我們決定不在本書的封面登上我們筆錄者的名字，因為本課程應該也足以為自己負責。這本書不應發展為另一種宗教或神秘教派，它只有一個目的，就是為人指出一條道路，幫他們找到自己的內在導師。

本書的性質

《奇蹟課程》，顧名思義，全書的結構是按照學習教材的形式設計的。它包括三部分：長達684頁的〈正文〉，486頁的〈學員練習手冊〉，以及90頁的〈教師指南〉。至於閱讀的先後次序及研讀方法，可按學員的特殊需要及個別喜好而定。

本課程的設計是經過縝密思考的，在理論及實踐兩方面都逐步提供了明確的解說。它重視實踐甚於理論，強調體驗甚於神學。它在〈詞彙解析〉「導言」中如此明言：「人間不可能有放諸四海皆準的神學理論的；然而，放諸四海皆準的經驗不只是可能，而且是必須的。」（2：5）雖然它採用了基督宗教的術語，宗旨卻指向普世性的靈性課題。它還聲明本課程不過是普世學派中的一門而已，人間還有許多課程，形式雖然有異，終將殊途同歸於上主的終極境界。

〈正文〉相當理論化，它開宗明義地提出整個思想體系中的基本概念，這些觀念為〈學員練習手冊〉的每日一課奠定了穩固的基礎。然而，若沒有〈練習手冊〉的具體實踐，〈正文〉便會淪為一套抽象理論，無法達到本課程的宗旨——扭轉人的心念。

〈學員練習手冊〉共有三百六十五課，以一年為期，一天一課。但也無需拘泥於這一進度，有些人也許會在他特別喜愛的一課上多逗留一些時日。這種規定不過是提醒讀者，一天不要超過一課。每日練習之前還會附上一些引導，具體點出〈練習手冊〉的實用之處。它強調的是實修經驗，從不要求學員對此靈修目標作出任何承諾。

> 〈學員練習手冊〉中有些觀念恐怕會令你感到難以置信，有些則有聳人聽聞之嫌。這些都無妨。你只要按照指示去運用這些觀念即可。請勿妄自評判。只要你發揮其用。就在運用之際，你會看出它的意義，明白它真實不虛。
>
> 你只需記住這一點：你不用相信或接受這些觀念，甚至無需心懷好感。某些觀念還可能會激起你的抗拒心理。這一切都無妨，亦無損其有效性。在運

用〈練習手冊〉的觀念時，絕不容許自己擅自設定一些例外；不論你對這些觀念有何反彈，利用這些反彈來練習吧！它所要求的，僅僅如此而已。（手冊-導言.8、9）

最後的〈教師指南〉，是以問答的形式寫成的，它答覆了學員們最常提出的一些問題。在文末，它還根據〈正文〉的理念架構為課程中的一些術語作了一番「詞彙解析」。

本課程從未自詡為人類的終極課程，〈練習手冊〉的三百六十五課也無意讓學員覺得自己已經修成正果了。它最後只是將學員交託給自己的內在導師，祂會因材施教，繼續引導前程。本課程所涉獵的範圍雖說包羅萬象，然而，真理不會拘限於某種課程內的。〈學員練習手冊〉在結尾中很清楚地重申了這一道理：

這個課程只是一個起步，而非結束……此後我們不再安排特定的功課了，因為無此必要。此後……你只需聆聽上主的天音……。祂會指點你努力的方向，明確地告訴你該作什麼、如何引導自己的心智，以及何時該靜靜地來到祂前，祈求祂那萬無一失的指示及千古不易的聖言。（手冊-跋.1、3）

本書的內容

凡是真實的，不受任何威脅；

凡是不真實的，根本不存在。

上主的平安即在其中。

這是《奇蹟課程》開宗明義之言。它把真實與不真實、真知（knowledge）與知見（perception）作了根本的區分。真知即真理，隸屬於愛之律或上主天律的管轄。真理是不變的、永恆的、毫不隱晦的。人們可以視若無睹，卻無法改變它的原貌。上主創造的一切都屬於真理之境，也唯有祂的創造才真實不虛。真理超越了時間及過程的範疇，那不是學習所能抵達的境界。它沒有對立，無始無終，且永恆如是。

反之，知見屬於時間、變化、有始有終的世界。它的存在是靠詮釋解說，而非事實真相。它是一個生死無常的世界，建立於匱乏、失落、分裂及死亡的信念上。它是由後天學習而來的，並非渾然天成。它是有選擇性的，隨著知見的偏好而左右搖擺，因此它的功能缺乏穩定，它的詮釋也會失真。

於是，在真知與知見的基礎上，發展出了兩種截然不同，甚至可以說是全然對立的思想體系。在真知境內，上主之外沒有一個念頭真的存在，因為上主和祂的造化共享同一旨意。至於知見的世界，則是由對立的信念與分歧的意願所構成，它不但自相矛盾，並且與上主永遠對立。由知見產生的見聞，狀似真實，因為它只容許觀者想要看到的東西進入他的意識之中，幻相就這樣誕生了。正因它不是真的，因此不能不隨時護衛自身的存在。

一旦陷入了知見的世界，你便墜入了夢境。若非外力施以援手，是難以脫身的，因為你的感官所經驗到的一切，都在向你證明夢境的真實性。上主早已給了你最後的答案，那是你唯一的出路、真正的援助。祂的聲音，也就是聖靈，肩負起溝通這兩個世界的使命。祂之所以不負所託，只因祂一面深曉真理實相，一面又深諳人間的幻相，卻能不受幻相所蒙蔽。聖靈的目標即是教我們扭轉自己的想法，清除過去學來的錯誤，幫助我們由夢境中脫身。聖靈轉變我們念頭最得力的教學工具即是寬恕。然而，本課程對世界所下的定義既然獨具一格，它對寬恕的界定必也自成一家之言。

我們眼前的世界，只不過反映出自己內在的思想架構，也就是心中根深柢固的觀念、願望和感受。「投射形成知見」（正文-21章.導言.1:1），我們先往內看，決定自己想要看見什麼樣的世界，再把那世界投射到外頭，繼而把自己之所見認定為真相。是我們自己對眼前事物的詮釋，才使外界看起來儼然如真。如果我們想用感官的所知所見來為自己的錯誤辯解，例如：忿怒、挑釁的心態，以及缺乏愛心的表現，我們便會看到一個充滿邪惡、毀滅、敵意、嫉妒及絕望的世界。我們必須學習寬恕這一切，這不是因為我們是「好人」或有「愛心」，而是因為我們所見的那一切沒有一個是真的。既是扭曲的防衛機制曲解了世界，才使我們看到根本不存在的事物；那麼，也唯有學會認清自己知見上的錯誤，我們才能超越它們或「寬恕」它們，同時寬恕了自己。我們的眼光便如此越過自己心中扭曲的自我概念而看到上主在我們內所造的真我，亦即自性（Self）。

所謂罪，即是「缺少愛心」（正文-1章.肆.3:1）。既然愛才是最終的一切，罪在聖靈的眼中，只是有待修正的一個錯誤而已，並非必遭天譴的邪惡。我們內心的自慚形穢、欲振乏力及充滿缺憾之感，乃是基於我們堅信那操縱整個幻相世界的「匱乏原則」。為此，我們必會設法從他人身上追討自己想要的東西，於是我們會為了得到某些東西而「愛」人；那正是夢幻世界標榜的愛，世上沒有比這個更嚴重的錯誤了，因為愛是不可能要求任何代價的。

只有心與心之間才有真正的結合，「上主所結合的，沒有人能夠拆散」（正文-17章.叁.7:3）。然而，真正的合一只存於「基督心」那一層次，正因如此，你是不可能失落它的。「小我」則企圖假借外在的肯定、外在的資產及外在的「愛」來自抬身價。上主所創造的真我或自性則一無所需，它永遠圓滿、安全、心中有愛而且深深被愛著。它一心只願分享，無意奪取；只知推恩，而非投射；它一無所需，只願與那已意識到彼此的富裕之人結合為一。

世間的特殊關係常是自私、幼稚、自我中心，甚至含有毀滅性的。儘管如此，只要交託給聖靈，這些關係仍能轉變為人間最神聖之物，也就是奇蹟，為人指出回歸天國之路。世俗常利用人間的特殊關係作為排除異己及自立門戶的祕密武器，聖靈卻能將它們轉化為學習寬恕及由夢境覺醒的最佳教材。每一個關係都為人提供了療癒知見和修正錯誤的機緣，每一個關係也成了寬恕別人因而寬恕了自己的機會，每一個關係都成了歡迎聖靈以及憶起上主的邀請函。

知見屬於身體的一種功能，因此它的覺知能力十分有限。知見必須透過肉眼來看，透過耳朵來聽，它只會激起身體非常有限的反應。身體看起來好像是自發且自主的，其實它完全受制於心靈的取向。如果心靈企圖借用身體發動攻擊，身體便會淪為疾病、衰老及腐朽的俘虜；如果心靈接受了聖靈的目標，身體便成為與他人溝通的有效管道。只要你還需要它，它便神龍活現的；一旦功能已盡，它便會悄悄地告退。身體本身是中性的，知見世界裡的萬物莫不如此。它究竟會為小我或聖靈效命，端視心靈之所願。

與肉眼之見相對的，便是基督的慧見（vision）。它所代表的是力量，而非軟弱，是合一而非分裂，是愛而非恐懼。與耳朵的聽聞相對的，則是為上主發言的「天音」，祂就是住在我們每一個人心內的聖靈。只因代表那渺小且分裂之我的「小我」總是聒噪不已，才使得聖靈之音顯得杳不可聞。事實正好相反，聖靈發言時一向清晰明確，且具有難以抗拒的吸引力。凡是決心與身體劃清界線的人，不可能聽不見聖靈的解脫及希望的訊息。他必會欣然接受基督的慧見，取代心目中卑微的自我形象。

基督的慧見乃是聖靈所賜的禮物，是上主在分裂幻相以及相信罪、咎和死亡的信念之上所給我們的另一種可能性。這一慧見足以修正所有錯誤的知見，讓那狀似對立的世界和好如初。它的慈光從另一角度照亮了萬物的真相，反映出以真知為本的思想體系，使得回歸上主不只是可能的事，而且成了人類的宿命。過去我們視為某甲施加於某乙的不義之舉，如今已然看出那只是求助與合一的呼求。罪咎、疾病和攻擊也會被視為「妄見」在呼求一帖溫柔慈愛的解藥。防衛機制從此撤銷，因為攻擊既不存在，便無自我防衛的必要。弟兄的需求成了我們的需求，因為他們既與我們一起共赴上主之道，沒有我們，他們難免會迷途；沒有他們，我們也絕不可能找到自己的路。

在天國裡，沒有寬恕這一回事，因為天國無此需要。但在這世界裡，寬恕是修正我們一切錯誤的必經過程。唯有先給出寬恕，我們才可能擁有寬恕，如此才符合了「給予等於接受」的天國之律。天國是上主為其神聖兒女所創造的本來境界，那是他們的永恆實相；縱使遭人遺忘，也不曾改變分毫。

唯有寬恕能幫我們憶起這一真相，也唯有寬恕能轉變我們對世界的看法。被寬恕的世界成了一扇上天之門，因著它的仁慈，我們才寬恕得了自己。只要我們不再用罪咎來囚禁任何人，自己便會重見天日。我們若能在弟兄身上認出基督的臨在，必然也會在自己身上認出祂的臨在。放下所有的妄見吧！不受過去種種的羈絆，我們自會憶起上主。學習階段到此結束。當我們準備妥當，上主自會踏出最後的一步，引領我們回歸於祂的。

奇蹟資訊中心
出版系列：

《奇蹟課程》
（A Course in Miracles）——新譯本

《奇蹟課程》是二十一世紀的心靈學寶典，更是近年來各種心理工作坊或勵志學派的靈感泉源。中文版已在 1999 年由若水譯出，並由作者海倫・舒曼博士所委託的「心靈平安基金會」出版。

新譯本乃是根據「心靈平安基金會」2007年所出版的「全集」，也是原譯者若水在「教」「學」本課程十年之後再次出發的精心譯作。全書分為三冊：第一冊：〈正文〉；第二冊：〈學員練習手冊〉；第三冊：〈教師指南〉、〈詞彙解析〉以及〈補編〉的「心理治療」與「頌禱」二文。新譯本網羅了《奇蹟課程》所有的正式文獻，使奇蹟讀者從此再無滄海遺珠之憾。**（全書三冊長達 1385 頁）**

《奇蹟課程》
〈學員練習手冊〉新譯本隨身卡

《奇蹟課程》第二冊〈學員練習手冊〉共三百六十五課，一日一課地，在力求具體的操練中，轉變讀者看事情的眼光，解開鬱積的心結。

若水由十餘年的奇蹟課程教學譯審經驗出發，全面重譯這部曠世經典。新譯版一本經典原文的精確度，語意更為清晰，文句更加流暢。精煉再三的新譯文，吟誦之，琅琅上口，饒富深意，猶如親聆J兄溫柔明晰的論述，每天化解一個心結，同享奇蹟。

為方便現代人在忙碌生活中操練每日一課，經三修三校的重譯版，首度以隨身卡形式發行，以頂級銅西卡精印，紙版尺寸 8.5 × 12.6 公分，另有壓克力卡片座供選購。**（全套卡片共 250 張）**

奇蹟課程導讀與教學系列

《奇蹟課程》雖是一部自修性的課程，只因它的理論架構博大精深，讀者常易斷章取義而錯失精髓，故奇蹟資訊中心陸續推出若水的導讀系列、米勒導讀，以及一階理論基礎及二階自我療癒DVD、其他演講錄音或錄影教材，幫助讀者逐漸深入這部自成一家之言的思想體系。

若水導讀系列

㈠《創造奇蹟的課程》**（全書 272 頁）**
㈡《生命的另類對話》**（全書 272 頁）**
㈢《從佛陀到耶穌》**（全書 224 頁）**

若水在這三冊中，解說《奇蹟課程》的來龍去脈與理論架構，透過問答的形式，說明崇高的寬恕理念如何落實於生活中；最後透過《奇蹟課程》的理念，闡釋佛陀和耶穌這兩位東西方信仰系統的象徵，在實相裡並無境界之別，而只有人心的「小我分裂」與「大我一體」的天壤之隔。

米勒導讀

《奇蹟半生緣》

一位慧心獨具卻不得志的記者，三十多歲便受盡「慢性疲勞症候群」的折磨，群醫束手無策，他在走投無路之下，不禁自問：「究竟是誰把我這一生搞得這麼慘?」

《奇蹟課程》讓他看到，自己竟是一切問題的始作俑者。他對這一答覆百般抗拒，直到有位心理治療師對他說：「恭喜你！你若讀得下這本書，大概就不需要心理治療了！」

《奇蹟半生緣》全書穿插作者派屈克・米勒浮沉人生苦海的經歷，但他並不因此獨尊自身的經驗和詮釋，而以記者客觀實証的精神，遍訪散居全美各地的奇蹟講師與學員，甚至傾聽圈外人的質疑。本書可說是一部美國奇蹟團體的成長紀實。**（全書 319 頁）**

奇蹟課程有聲教學教材

奇蹟資訊中心歷年發行《奇蹟課程》譯者若水的演講錄音或錄影光碟，將《奇蹟課程》的抽象理念與現實生活銜接起來，幫助讀者了解《奇蹟課程》的精髓所在，是奇蹟學員不可或缺的有聲輔讀教材，由於教材內容每年不盡相同，欲知詳情，請上網查詢。
www.acimtaiwan.info 奇蹟課程中文網站
www.qikc.org 奇蹟課程中文部簡体網

肯恩實修系列

《奇蹟原則50》

許多讀者久仰《奇蹟課程》之盛名，興沖沖地讀完短短的導言後，就怔忡在一條一條有如天書的「奇蹟原則」之前。讀了後句忘前句，「奇蹟」的概念好似漂浮在字裡行間，始終無法在腦海中落腳，以至於閱讀了一兩頁之後便後繼無力，難以終篇，竟至棄書而逃。

「奇蹟原則」前後五十條，其實是整部課程的濃縮，若無明師指點，讀者通常都不得其門而入。於今多虧奇蹟泰斗肯尼斯旁徵博引，以深入淺出而又幽默的答問形式，將寬恕與奇蹟的精神落實於生活中，為初學者乃至資深學員提供了一個實修的指標。**（全書209頁）**

《終結對愛的抗拒》

追尋心靈成長的人，學到某個階段往往面臨一個瓶頸：儘管修習多年，一遇到某種挑戰，就不自覺地掉回原地，因而自責不已。問題到底出在哪裡？

佛洛依德在他的臨床經驗中，驚異地發現，病人的潛意識中有「拒絕療癒」的本能，肯尼斯根據《奇蹟課程》的觀點，犀利地剖析人們「拒絕療癒或轉變」的原因，又仁慈地為讀者指出穿越小我迷霧的關鍵，由停滯不前的窘境中突圍。對於追尋心靈成長和平安的人而言，本書不但有提點指授的功效，更有當頭棒喝的力道。**（全書109頁）**

《親子關係》

坊間論及親子問題的書籍可謂汗牛充棟，泰半繞在親子關係複雜且微妙的糾結情懷，唯獨肯尼斯・霍布尼克不受表象所惑，借用《奇蹟課程》的透視鏡，澈照出親子之間愛恨交織的真正關鍵。

本書表面上好似在答覆「如何教養子女」、「如何對待成年子女」以及「如何照顧年邁雙親」等具體問題，它其實是為每一個人點出我們在由「身為兒女」，到「照顧兒女」，繼而「照顧雙親」的艱苦過程，以及我們轉變知見時必然經歷的脫胎換骨之痛。**（全書238頁）**

《性・金錢・暴食症》

在紛紜萬象的世界裡，性、金錢與食物可說是人生問題的「重頭戲」，最易牽動小我的防衛機制，故也最具爭議性。作者肯恩沿用《奇蹟課程》中「形式與內涵」的層次觀念，針對性、金錢等等所引發的光怪陸離現象（形式），揭露它們背後一貫的目的（內涵）——小我企圖藉無止盡的生理需求，抹滅心靈的存在，加深孤立、匱乏、分裂等受害感，最後連吃飯、賺錢與性交都可能變成一種攻擊的武器。

肯恩與學員的趣味問答，反映出我們日常是如何受制於這些生理需求的；然而，我們也能藉聖靈之助，將現實挑戰化為人生教室，將小我怨天尤人的陰謀，轉為寬恕與結合的工具。**（全書196頁）**

《仁慈——療癒的力量》

這是一部針對奇蹟教師及資深奇蹟學員的實修指南。全書分上下兩篇，上篇列舉奇蹟學員常有的現象，例如以奇蹟之名攻擊他人，或以善意為由掩蓋自己批判的心態；下篇探討如何用仁慈的眼光來看待自己與他人的缺陷，教我們將自身的限制或缺陷轉為此生的「特殊任務」，在人間活出寬恕的見證，成為聖靈推恩的管道。**（全書251頁）**

《逃避真愛》

本書是針對道理全懂卻難以突破的資深學員而寫的，它一針見血地指出，綑綁我們修行腳步的，不是世界的黑暗，也非人間的牽絆，而是自己打造出來的一道心牆。

只因我們深怕真愛會消融了自己的特殊性，故把心靈最深的渴望隱藏到心牆之後，與之「解離」，在人間展開一場虛虛實實又自相矛盾的追尋。一邊痛恨小我的束縛，一邊又忙著為小我說項；以至於內心有一部分奮力向前，另一部分則寧可原地觀望。藉著裝傻、扭曲、辯駁，把回歸真愛的單純選擇渲染成複雜又艱深的學問。

《逃避真愛》溫柔地解除了人心無需有的恐懼，讓我們明白心牆的「不必要」，陪伴我們無咎無懼地跨越過去。**（全書156頁）**

《假如二二得五》

從古至今，多少人心懷救苦救難的大志，傾注一生之力貫徹自身理想，卻往往受現實所囿而終不能及。我們這些凡夫俗子，亦不乏拼搏自救之心，然而在現實面前，還是屢屢敗陣，活得憋屈而無奈。問題究竟出在哪裡？

對此，本書剴切提出：整個世界其實一直按照 2＋2＝4 的「鐵律」來運作，萬物循著固定的軌跡盈虧盛衰，一切可謂「命中註定」，無怪乎歷史上的種種救世之舉皆以失敗告終。然而，《奇蹟課程》識破世界的詭計，小我既然使出 2＋2＝4 的苦肉計，它便祭出 2＋2＝5 的救贖原則，破解小我編織的羅網，溫柔地引領我們走出世界的幻境。本書即是教導我們，如何在貌似 2＋2＝4 的世界活出 2＋2＝5 的生命氣象，而且更進一步，迎向天地間唯一真實的等式 1＋1＝1。**（全書171頁）**

肯恩《奇蹟課程釋義》系列

《奇蹟課程序言行旅》

如果說《奇蹟課程》是一首曠世交響曲，《序言》便奠定了整首樂曲的氣質與基調，不僅鋪敘出奇蹟交響樂的關鍵理念，還將讀者提昇到奇蹟形上思想的高度和意境，堪稱《正文行旅》最佳的暖身之作。

肯恩有如一流的樂評家，領著讀者，在宏觀處，領受樂章磅礡的主旋律，在微觀處，諦聽暗藏其中的千百種變奏，致其廣大，盡其精微，深入課程之堂奧，回歸心靈之家園。**（全書121頁）**

《正文行旅》（陸續出版中）

《奇蹟課程》在人類靈性進化史上的貢獻可謂史無前例，而《正文行旅》乃是《奇蹟課程釋義》三部曲的完結篇。肯恩由文學，詩體，音樂三重角度，依循各章節的主題，提供了「重點式」以及「全面性」的導覽，幫助學員深入奇蹟三昧，沉浸於智慧與慈悲之海。

這部行旅可說是肯恩一生教學的智慧結晶，奇蹟學員浸潤日久，必會如他所願：奇蹟，發自心靈，必將流向心靈。**（第一冊335頁）**

《學員練習手冊行旅》（陸續出版中）

整套《奇蹟課程釋義》的問世，可說是無心插柳。1998年起，肯恩應學生之請，為〈學員練習手冊〉做了一系列的講解，基金會將研習錄音增編彙整為逐句詮釋的〈練習手冊行旅〉。此案既定，〈正文行旅〉以及〈教師指南行旅〉應運而生，為奇蹟學員提供了最完整且精闢的修行指針，訂名為《奇蹟課程釋義》，幫助學員將〈正文〉理念架構所引伸出來的教誨，運用到現實生活中。這三部《行旅》，可說是所有踏上奇蹟旅程的學員最貼心的夥伴。

《學員練習手冊行旅》的宗旨，乃是幫助奇蹟學員了解三百六十五課的深意，以及它們在整部課程中的作用。更重要的是，幫助學員將每日一課運用於現實生活中，否則《奇蹟課程》那些震古鑠今之言可謂枉費唇舌，徒然淪為一套了無生命的學說。**（第一冊346頁）（第二冊292頁）（第三冊234頁）**

《教師指南行旅》（共二冊）

〈教師指南〉是《奇蹟課程》三部書的最後一部，它以「如何才是上主之師」為主軸，提綱挈領地梳理出〈正文〉的核心觀念，全書以提問的形式鋪敘而成，為其他兩部書作了最實用的補充。

肯恩在逐句解說〈教師指南〉時，環繞著兩個主題：「個別利益」對照「共同福祉」，以及「向聖靈求助」。因為若不懂得向聖靈求助，我們根本學不會「共享福祉」這門功課。當然，全書也穿插不少副題，如「形式與內涵」、「放下判斷」等等，就像貝多芬的偉大樂章那樣，不時編入數小節旋律，讓主題曲與變奏曲銜接得更加天衣無縫。肯恩說：「我希望藉由本書讓學員看出，耶穌是如何高明地把他的基本訊息串連為一個整體，一如交響樂以主旋律與變奏曲那般交叉呈現、迴旋反覆地將我們領上心靈的旅程。」**（第一冊337頁）（第二冊310頁）**

其他出版品

《寬恕十二招》

《寬恕十二招》的作者保羅．費里尼，有鑒於人們的想法與情緒反應模式，早已定型僵化，成了一種「癮」，不是一朝一夕可以化解得掉的。因此，他將《奇蹟課程》的寬恕理念，分解為十二步驟，一步一步地引導我們超越自卑、自責以及過去的創痛，透過自我寬恕而領受天地的大愛。這是所有準備好負起自我治癒之責的人必讀的靈修教材，也是曠世靈修經典《奇蹟課程》的輔讀書籍。**（全書 110 頁）**

《無條件的愛》

作者保羅．費里尼繼《寬恕十二招》之後，另以老莊的散文筆法，細細描述我們每一個人心中都擁有的「無條件的愛」。他由大我的心境出發，以第一人稱的對話方式，直接與讀者進行心與心的交流，喚醒我們心中沉睡已久的愛，開啟那已被遺忘的智慧。此書充滿了「醒人」的能量，是陪伴你走過人生挑戰的最好伙伴。**（全書 215 頁）**

《告別娑婆》

宇宙從哪兒來的？目的何在？我究竟是什麼？為什麼會在這裡？我要往哪裡去？我該怎麼活在這個世界裡？當你讀完本書，會有一種「千年暗室，一燈即亮」的領悟。

全書以睿智而風趣的對話談當今世局、原子彈爆炸，一直說到真愛、疾病、電視新聞、性問題與股價指數等等，讓我們對複雜詭異的人生百態，頓時生出「原來如此」的會心一笑。它說的雖全是真理，讀起來卻像讀小說一樣精彩有趣，難怪一問世便成了西方出版界的新寵。**（全書 527 頁）**

《一念之轉》

作者拜倫．凱蒂曾受十餘年的憂鬱症所苦，一天早上，她突然覺悟了痛苦是如何形成又如何結束的。由此經驗中，她發明了四句問話的「轉念作業」(The Work)，引導你由作繭自縛中徹底脫身，是一本足以扭轉你人生的好書。**（全書 448 頁，附贈轉念作業個案 VCD）**

《斷輪迴》 阿頓與白莎回來了！

繼《告別娑婆》走紅之後，葛瑞的生活形態發生重大的轉變，也面臨了更多的挑戰。葛瑞仍是口無遮攔地談八卦、論是非、臧否名流，阿頓和白莎兩位上師在笑談棒喝中，繼續指點葛瑞如何在現實挑戰下發揮真寬恕的化解（undo）功能，徹底瓦解我執，切斷輪迴之根。**（全書 279 頁）**

《人生畢業禮》

本書是保羅與 Raj 在 1991 年的對話記錄。對話日期雖有先後，內涵卻處處玄機，不論由哪一篇起讀，都會將你導入人類意識覺醒的洪流。

Raj 借用保羅的處境，提醒所有在人間孤軍奮鬥的人，唯有放下自己打造的防衛措施，才可能在自己的心靈內找到那位愛的導師。也唯有從這個核心出發，我們才會與所有弟兄相通，悟出我們其實是一個生命。**（全書 288 頁）**

《療癒之鄉》

《療癒之鄉》中文版由美國「獅子心基金會」委託台灣「奇蹟資訊中心」出版。

作者羅賓．葛薩姜把《奇蹟課程》深奧又慈悲的教誨化為一套具體的情緒啟蒙和心靈復健課程，協助犯罪和毒癮的獄友破除心理障礙，學習處理人與人之間的衝突，調整情緒，建立自信，切斷「憤怒→攻擊→憤怒」的惡性循環。《療癒之鄉》陪伴無數受刑人度過獄中歲月。

《療癒之鄉》也是為所有困在自己心牢裡的讀者而寫的。世間幾乎沒有一人不曾經歷童年的創傷、外境的壓迫，以及為了生存而形成種種不健康的自衛模式。獄友的心路歷程給予我們極大的啟發，鼓舞我們步上心靈療癒之路。**（全書 440 頁）**

《我要活下去》

這本書不只是一本鼓舞信心的療癒指南，還是一個女人把自己從鬼門關前拉回來的真實故事。

作者朱蒂．艾倫博士（Judy Edwards Allen, Ph.D.） 原本是成功的專業顧問、大學教授、大學教科書作者，四十歲那年獲知罹患乳癌的「噩耗」，反而成為她生命的轉捩點，以清晰、熱情的文筆，記錄了她奮力將原始的求生意念成功地轉化為「康復五部曲」的歷程。讀者會看到她如何軟硬兼施地與醫生打交道，如何背水一戰克服無助感，又如何透過寬恕，喚醒內心沉睡已久的愛與生命力。最後，她終於超越自己對生死的執著，在這一場疾病與療癒的拔河大賽中，獲得了靈性的凱旋。**（全書 280 頁）**

《時間大幻劇》

人們對於時間，存在著種種截然不同的看法，比如：時間是良藥，可以癒合一切創傷；善惡終有報，只等時候到；時間是無情的殺手，終將剝奪我們的一切……。人類早已視時間的存在為天經地義，戰戰兢兢地活在過去的懊悔、現在的焦慮和對未來的恐懼中。我們好似活在一座無形的牢籠裡，苟延殘喘，等待大限的到來。

《奇蹟課程》的泰斗肯恩博士曾說：「不了解時間，不可能讀懂《奇蹟課程》的。」他引經據典，將散落全書有關時間的解說，梳理出一個完整的思想座標，猶如點睛之龍，又如劃破文字叢林的一道靈光，讓我們一窺《奇蹟課程》的究竟堂奧（究竟義）。此書可說是肯恩留給奇蹟資深學員最珍貴的禮物。**（全書413頁）**

《奇蹟課程誕生》

《奇蹟課程》的來歷究竟有何玄虛？為什麼它選擇經由海倫・舒曼博士來到人間？它的記錄方式及成書過程，與它傳給人類的訊息有何內在關係？有幸親炙此書的我們，又該如何延續奇蹟精神的傳承？

不論你只是好奇《奇蹟課程》的精采傳奇，還是有心以「史」為鑒，窮究奇蹟的傳承精神，本書都提供了最可靠的第一手資料。作者因與茱麗、海倫與比爾等人交往密切，故受這些開山元老之託，冷靜而客觀地梳理《奇蹟課程》的記錄及成書經過，佐以三位奇蹟元老的親筆自白，融鑄成一部信實可徵的《奇蹟課程》誕生史，帶領讀者重新走過五十年前那段精采神奇的心靈歷程。**（全書195頁）**

《飛越死亡的夢境》

本書榮獲美國出版界著名的「活在當下書籍獎」（Living Now Book Awards），全書以嶄新的視角詮釋曠世靈修經典《奇蹟課程》的教誨，為讀者剴切指出「起死回生」的著力點。

作者特別選取在人間每個角落不時作祟的「死亡陰影」入手，揭露小我抵制永恆生命的伎倆。作者以親身的經歷為奇蹟作證，並且提供了極其實用的反省練習，解除我們潛意識中對死亡的恐懼，為百害不侵的生命本質開啟了一扇門，真愛與喜悅得以流過人間，讓奇蹟成為日常生活裡「最自然的事」。**（全書524頁）**

國家圖書館出版品預行編目資料

奇蹟課程釋義：奇蹟課程序言行旅／肯尼斯．霍布尼克博士（Kenneth Wapnick, Ph.D.）著；若水譯 -- 初版 -- 臺中市：奇蹟課程．奇蹟資訊中心，民 108.3
面；　公分
譯自：From the Preface of A Course in Miracles; A Commentary
ISBN 978-986-95707-4-9（平裝）
1. 靈修
192.1　　108003079

奇蹟課程釋義

奇蹟課程序言行旅

作　　者　肯尼斯．霍布尼克博士（Kenneth Wapnick, Ph.D.）
譯　　者　若　水
校　　譯　王詩萌
責任編輯　李安生
校　　對　李安生　黃真真　吳曼慈
封面設計　林春成
美術編輯　陳瑜安工作室
出　　版　奇蹟課程有限公司．奇蹟資訊中心
　　　　　桃園市光興里縣府路 76-1 號
聯絡電話　（04）2536-4991
劃撥訂購帳號　19362531　戶名　劉巧玲
網　　址　www.acimtaiwan.info
電子信箱　acimtaiwan@gmail.com

印　　刷　世和印製企業（02）2223-3866
經銷代理　聯合發行公司
　　　　　電話（02）2917-8022 # 162
　　　　　　　（03）212-8000 # 335

定　價　新台幣 220 元
出版日期　2019 年 3 月初版
　　　　　2020 年 5 月二刷

ISBN　978-986-95707-4-9